知るほど
面白くなる

人の暮らしと動きが
見えてくる!

日本地理

Geography of Japan

地理教育研究会

日本実業出版社

まえがき

皆さんは「地理」といったら、何を思い浮かべるでしょうか。山や川の位置や名前、都道府県の位置や県庁所在地などでしょうか。もちろん、それらも地理を構成する要素です。ただ、それよりも重要なのは、世界や日本の各地で人々がどのように生活しているかということです。

皆さんが手にしているこの地理の本は、単に地名や物産を紹介して覚えてもらおうという内容ではありません。

この本では生産を中心にして、日本各地の人々の生活から地域を見ることに力点を置きました。地域のいとなみには、どんな特色があり、地域と地域は、どのようにつながっているのか。そして各地域と日本全体が共通して抱えている問題にはどのようなものがあるのでしょうか。

人間のいとなむ生産は、自然の条件しだいで決まっているという説明が多く見られます。社会的な条件や、人間による自然への働きかけを軽視して「ミカンは温暖なところ、リンゴは冷涼なところで育つ」とするような説明です。この本はそうではなく、人間の活動を中心とした内容を心がけました。

本書は9つの章をたてました。どこで何を生産しているのか、ということから一歩踏み込み、どのような人が、どのように作っているか、つまり、「人の暮らしと動きが見えてくる」ことを目指しました。

また、私たちの日常は、日本はもとより世界各国の社会や政治・経済のあり方と無縁では成り立ちませんので、これらの背景にも目を配りました。

加えて、皆さんが中学や高校で学んできた地理、あるいは現在の中学生や高校生が学んでいる地理について、その過去と現在にも触れています。というのもいまや、すべての子どもたちが地理を学ぶ機会は中学校が最後だからです。高校では地理を学ばずに卒業していく生徒も少なくありません。


どの章の、どの項目から読んでいただいても構いません。すべてを読めば、現在の日本の大まかな姿が見えてくるはずです。そして、疑問に思ったことがあれば、少し深く調べてみてはいかがでしょうか。

地理とは、知らない土地の知らない人たちに対する「好奇心」で成り立っています。この本が、皆さんの好奇心を刺激することができれば嬉しく思います。

２０１６年10月

地理教育研究会

人の暮らしと動きが見えてくる！　知るほど面白くなる日本地理◉目次

第1章　地理って何？

第2章　日本の自然環境と地図

CONTENTS

第3章 「移動」の地理

第4章

「食」の地理

第5章

「モノ」の地理

第6章

「文化」の地理

第7章

「防災」の地理

第8章

「環境」の地理

第9章 日本にある「世界」

カバーデザイン◉志岐デザイン事務所（萩原睦）
本文ＤＴＰ◉一企画

第1章

地理って何？

1

地理学とは何か？

――さまざまなテーマを扱う「諸科学の母」

地理学は多様なテーマを扱うため、近代科学が発展をたどる時代には**「諸科学の母」**ともいわれた。

ある地域について、自然的または人文的な視点からさまざまな分野を扱ってきた地理学は、近年では、総合的観点から、災害等での対応の成果も注目されている。

∷土地の様子を記載する学問

地理学は英語で「geography」という。この単語はgeo＋graphy（土地＋描く）と分解でき、その意味は、「ある地域の土地の状態や様子を分析し考える学問」を指している。

土地の状態について、自然的な視点からは、山や川、海や陸地などの地形や、水・気候・生物といったものについて研究し、人文的な視点からは、農業や鉱工業・交通などの産業や、人口・生活・集落・都市・政治などの状態を研究対象とする。

地域については、「世界全体」という地球規模の視点から、ユーラシア・南北アメリカ・アフリカなどの各大陸、ＥＵやＡＳＥＡＮなどのいくつかの国をまたがる地域、日本やブラジル・ドイツなど各国別、日本国内の都道府県、より身近な地域である市町村など、スケールは大小に及ぶ。

ちなみに、現在の小学校社会科では３年生で「学校の周り」「通学路」、５年生は「根釧台地の酪農」「庄内平野の米作」「京浜工業地帯」など、扱う地域の範囲が徐々に広くなるような組み方をしている（16ページ参照）。

∷地理学とほかの学問とのかかわり

これまで地理学は「地域を扱う、地域の差異を比較する」といわれてきたが、これは地理学独自の視点、方法論ではなくなっている。歴史学、社会学などの人文系の学問はもとより、土木工学などの理系的な学問でも日常的に地図を使い、地域の課題を分析し研究している。いまや地図や地域の扱いは地理学の「専売」ではなく、関連する学問は多岐にわたる。

その一方、地理学の研究として地形や気候、農業や鉱工業などを考察する際には、幅広い知識や情報の解析が必要となる。それゆえ、地質学、気象学、農業関連の諸科学、工業経済学など隣接諸科学とも地理学は密接に結びついている。

「○○地理学」という地理学は、○○と結びついた地理学である。たとえば、経済地理学は、経済学と地理学の双方の背景と視点が必要となる。

だがこれも単純ではない。研究者の間には、経済地理学を経済学の一分野としてとらえ、地理学の方法論を用いて経済を研究する学問であると考える人たちがいる一方、「経済地理学」という、丸ごと1つの学問の体系ととらえる人もいる。

■災害と地理学

2011年3月に起きた**東日本大震災**は未曽有の被害をもたらしたが、それを機に多くの人々は災害を防ぐ「防災」や、災害を減らす「減災」について考えるようになった。防災では、土地の状態を考慮して被害の程度を想定することが求められ、**ハザードマップ**（災害時の被害の想定や避難場所などを記した予測地図）を作成する自治体が多くなった。
防災や減災は、地形や地域の実情などを前提に考えられ、地理学の諸成果が活用されている。東日本大震災や、2016年4月に起きた**熊本地震**では、地理学の研究者が、地震・津波・地質、建築・土木、放射能、心理・医療などの研究者とともに調査に参加した。社会の動きに合わせ、関連する学問分野と協力し、地域社会を総合的に見て独自の判断を提案することが地理学には期待されている。

memo

国際地理オリンピック

1996年にオランダのハーグで第1回大会が行なわれ、以降毎年開催されている。各国の予選を勝ち抜いた高校生中心の選手が、地理的知識・技能を競う大会である。成績によって、金・銀・銅のメダルが贈られる。日本は近年、毎回メダルを獲得している。

国際貢献と地理

また世界に目を向けると、紛争や難民、人種差別、人口・食料問題など、さまざまな解決すべき課題が目白押しである。いずれも明確な「答え」を出すことは難しい。

だが、地理学はその中で、複雑な背景を持つ諸問題に有効なアプローチを取ることのできる学問にもなりうる。中東の一部を事実上支配しているIS（イスラム国）の問題は、武力的な手段では解決は難しいだろう。この問題の根底にある、差別と貧困の解消などが、平和的な解決を目指すためには重要となる。

従来、このような問題は国際関係論や国際政治学の分野であったが、地理学が世界の多様な民族の暮らしを扱ってきたことから、貢献が期待されている。

「国際地理オリンピック」という、毎年開催されている高校生による地理の大会がある。その様子を観察すると、各国が扱う地理学の内容に違いがあることに気づく。国際地理オリンピックで出題される問題は、日本の高校教科書に出ている内容に加えて、石灰岩の用途を答えるといった地学や、フィールドワークを行なって地域の問題を指摘させ、その解決ができるまちづくりの方策を答えさせるといった都市工学に関する問題も出てくる。

だがいずれにせよ、地理学は地域に思いをはせ、考察していく学問であるということは、世界中どこでも変わりはない。

2 学校で習う「地理」
――身近なところから徐々に対象を広げていく

多くの人が地理を習うのは、小・中・高校までであろう。学校での地理教育はどのようなものなのか、振り返ってみよう。

∷小学校社会科の地理内容

小学校の社会科の教育は、主に3年生から始まる。3年生の社会科は学校所在地の市町村学習が中心となる。4年生では学校所在地の都道府県についての学習をはじめとした、全国の都道府県を学習する。5年生は「庄内平野の米づくり」（18ページメモ参照）「豊田市の自動車工業」など、日本各地の産業について学び、6年生では国連やアメリカ合衆国、フランス、中国、ブラジルなど、いくつかの外国の地理を学ぶ。

小学校社会科における地理の学習の範囲は、身近な地域・都道府県・日本・世界へと拡大していく。このように地域を拡大しながら学習していく方法を**「同心円学習」**（次ページ図参照）という。

「同心円学習」とは

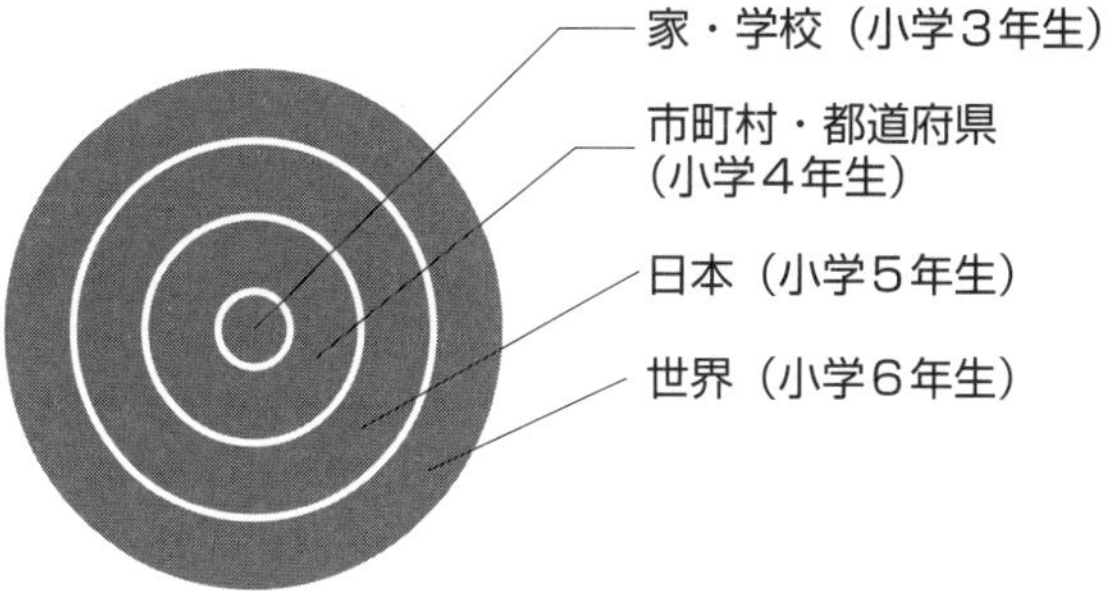

同心円学習とは、池に石を投げ込んだ際の波紋のようなイメージで、身近な場所から徐々に視点を広げていく学習法である。「家」や「学校」から始まり、波紋の移り行く先が「日本全国」や「世界」となる。原点に近いほどわかりやすく、先になるほど難しくなるという考え方である。

∷中学校地理の学習内容

中学校の地理の構成は、世界と日本各地を対象として、地域別にその特性を学んでいく**「地誌」**の扱いが中心である。

世界地理の地域区分は、アジア、欧州、アフリカ、北米、南米、オセアニアといった具合で分けられる。

それぞれの地域で取り上げられているテーマについて見てみると、南米では「開発と環境問題」、アジアでは「人口の集中」、欧州では「ＥＵの成立」、北米では「世界に影響を与える農業・工業」と、多様である。

日本地理の地域区分は、北海道、東北、関東、中部、近畿、中国・四国、九州と7地方に分けられる。

一例として東北地方で取り上げられているテーマを見ると、「伝統

memo

庄内平野

山形県の最上川の下流域に広がる平野。稲作を中心に農業が盛んな地域で、現在は30万人あまりの人々が生活する。中心の酒田市は江戸時代に北前船の寄港地としてもにぎわい、いまも多くの蔵や屋敷が見られる。

文化とその変化」「人口減少と地域の活性化」「農業と文化」などがある。

重要な課題である「地域の活性化」を、人口が急減し、過疎化が進む中で、地方に住む中学生が自分の課題として学ぶように試みられている。

∷「系統地理」と「地誌」

これまで述べた小・中学校の地理学習は、地誌が多い。地誌は、特定地域の地域的性格（地域性）を、地域の実態から総合的に明らかにすることを重視してきた。

これに対して、地理学には大きく**系統地理**といわれる分野がある。これは、地形や気候、産業など、地表の事象の地域的な違いとその要因について、広く研究することを目的としている分野である。地理学は系統地理学と地誌学から成立するといわれてきたことにちなみ、地理教育もその両方が学習の中心となっている。

系統地理と地誌は一見すると方向が違っているように見えるが、地理学では相互に離れがたい関係と位置づけてきた。

現行の高校地理は系統地理と地誌で成立している。系統地理に関して見てみると、「地球的課題」として、世界の人口問題や食料問題、資源・エネルギー問題、都市問題、環境問題を取り上げている。

地理学の分類

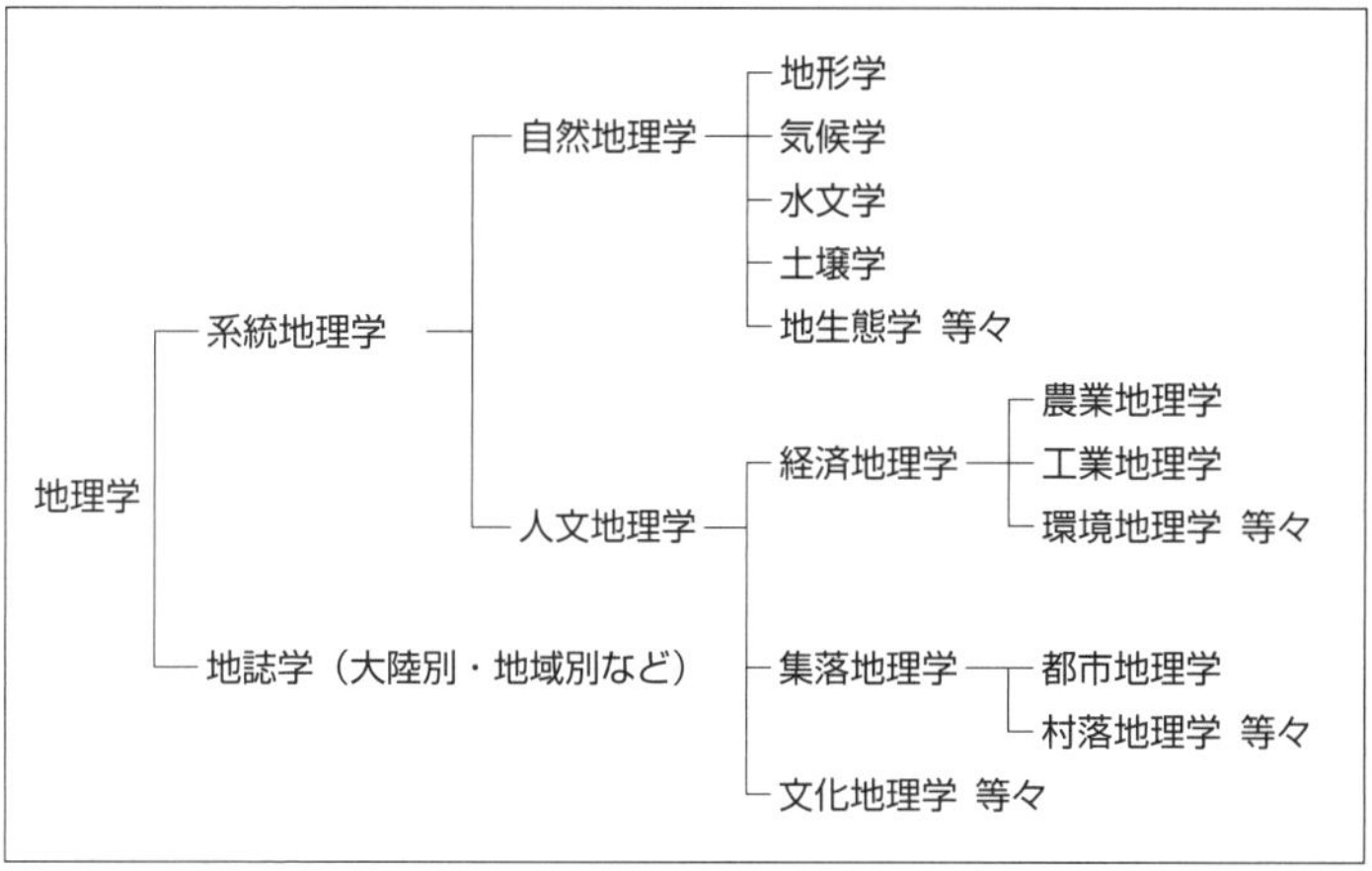

∷高校地理とこれからの課題

高校での地理教育は、複雑な現代世界や日本の諸課題をどのように把握すれば良いかが期待されている。

世界の地誌では飽食と飢餓、平和と紛争・難民・不平等と格差の現状、日本の地誌では東京一極集中と人口減少、産業分布の不均等、各種の災害、沖縄とアイヌ、原発など、世界と日本の諸課題が取り上げられている。

現在、すべての子どもたちが地理を学ぶ機会は中学校が最後である。高校の地理歴史科での地理は選択科目であるため、高校生が現代世界や日本の諸地域を理解し、地理的技能を学習する機会が失われてしまっている。

しかし、高校での地理の必修が２０１６年８月に決まった。２０２２年からは、「地理総合」として、正式な必修科目になる予定である。

3

「自然」が地理を決定する？
——社会的な要因を考えることの重要性

∷ 非科学的な自然決定論

「自然決定論」と呼ばれる考え方がある。これは、社会発展の要因を気候や土地など自然から説明するものである。

自然決定論的な立場では、「まえがき」でも述べたように「青森県は冷涼な気候のためリンゴがとれる」「ミカンは愛媛県や和歌山県といった暖かい地域でとれる」などと、気候が産物を決定するように考えていく。「とれる」というのは自然生育的で、「人が作る」という社会的な視点がそこには入っていない。

このように教わると、子どもは、「青森―冷涼―リンゴ」、「愛媛―温暖―ミカン」と地名、気候、産物を一括して覚える。テストでその1カ所を抜いた問題が出されると、多くの子どもは間違いなくこのように記入するだろう。

だが、「温暖な地域はどこでもミカンの産地なのか」と聞かれると、多くの人は「多分違うな」と思うだろう。そこで、ミカンを育てる社会的要因に目を向けることになる。では、ミカンの社会的背景とは具体的にはどういうことだろうか？

歴史的・社会的要因にも目を向ける

戦後にミカン栽培が急増したのは高度成長期であった。しかし1970年代後半には農家の高齢化とほかの柑橘類への転作が進んだため、生産が縮小する。その要因を消費面から見ると、果実・ジュースの輸入自由化、飲食物の多様化、生活様式の変化などが挙げられる。そのような歴史的・社会的側面をふまえたうえで、ミカンの生産についても目を向ける必要がある。気候のみで説明するのは一面的である。

また、地理や歴史の題材としてよく出てくる、イギリスの産業革命についても検討してみよう。

自然決定論的な説明では、「イギリスは石炭と鉄鉱石に恵まれていたので工業が発展した」とされることがある。この説明は正しい一面もあるが、近代工業に石炭が利用されるのはコークス（石炭を蒸し焼きした燃料。石炭より高温で燃焼させることができる）による製鉄法や、蒸気の力によって機械などを動かす蒸気機関の発明がなければなし得なかった。石炭を資源として利用する際には、このような技術の発達のほか、労働者や工業製品の市場の確保などといった、社会的側面の理解がここでも欠かせない。

このように、地理を学ぶ際には、自然がすべてを決定すると考えるのではなく、社会的な背景も考えていくことが重要である。

4 地理と地政学

——戦前の地理学の一面を振り返る

現在、新聞や雑誌、単行本などで、ホルムズ海峡、南シナ海、海上シルクロードなど、戦略的に重要な地域の説明に**「地政学」**という用語をよく使う。

アメリカ合衆国では軍事関係者が「地政学に沿いながら戦略をたてる」などというニュアンスで使用したりする。

この言葉と地理学のかかわりについて見てみよう。

■国家有機体説と地政学

「地政学」という言葉の由来は、**F・ラッツェル**という地理学者が１８９７年に『政治地理学』という書物を出版し、そのなかで国家を１つの生物的有機体ととらえる、「国家有機体説」を説いたことに始まる。

強い生物が弱い生物を駆逐し滅ぼすように、強い国家はそれにふさわしい広い国土を得る、そのために弱い国家の国土を併合することは当然でやむを得ないとの考えである。

そのラッツェルの考えを引くスウェーデンの国家法学者**R・チェレン**が、国家を国土面から解明するために1916年に造語したのが、「地政学」（ゲオポリティク）という言葉である。

この考えは、ドイツでは第一次世界大戦後に台頭したナチス（1933年に政権を掌握）にとって都合の良い「理論」となった。ヒトラーを直接指導した**ハウスホーファー**という大学教授は、「優秀な」ゲルマン民族がユダヤ民族を排斥し、近隣の弱小民族を征服し国土を拡張すべきだと主張した。ヒトラーの著作『我が闘争』にはその考えが取り入れられている。

∷日本における「地政学」

日本における地政学という言葉の使用に関しては、「日本地政学協会」が1941年に設立されたことが挙げられる。

日本における地政学は、ドイツでの考え方とはやや異なり、アジアの盟主である日本が欧米の帝国主義国家をアジアから追い出すことが、諸民族の解放になるとの主張につながっていった。

一部の地理学者は地政学協会に集まり、「軍国主義国家に役立つ地理」作りに参加し、「優秀な」大和民族が領土を拡大しアジア諸民族を指導するという**「大東亜共栄圏」**の理論的な支えを目指した。

このように、地政学という言葉は、戦前は現在とは違う意味合いで用いられていた。戦後の地理学は、このような戦前の地政学の考え方に対する批判が出たが、必ずしも十分であるとはいえない。

前述の自然決定論と同じく、今後の地理学が乗り越えていかなければならない課題だろう。

第2章

日本の自然環境と地図

5

日本周辺の気団と気候

――気団の配置によって変わる日本の気候

日本は島国であるが、大局的に見ると、ユーラシア大陸の東側に位置している。ユーラシア大陸の東岸は西岸に比べて気温の年較差が大きく、日本は、夏季は高温湿潤、冬季は低温乾燥となる。

日本列島の北限は北緯45度、南限は北緯24度にあって、大部分が「温帯」と呼ばれる気候の温和な地帯に位置するが、東西・南北それぞれで約３０００㎞の範囲があり、地域ごとに異なる気候が現れる。

∷「西高東低」の冬の日本

日本の冬の気圧配置は**西高東低**となる。「西高」とは西側に**シベリア気団**と呼ばれる大きな高気圧（周囲より気圧が高い部分）があることを指す。

シベリア気団は冷えたユーラシア大陸の地面によって形成される。そのため、ユーラシア大陸の東部は南極以外では世界で最も寒くなる。この冷気が張り出し、蛇行した上空の偏西風によって東の日本海方向に流出する。

日本列島における東西の差異は、冬に特に顕著となる。ユーラシア大陸からの乾燥した寒気が日本海を通過する際に、海面で蒸発した水蒸気が上空まで運ばれて大量の雪雲を形成する。この雪雲が、日本海側の平野部に多量の雪を降らせる原因となる。

山岳地域に降る雪に対して平野部の雪は**里雪**と呼ばれ、集落に豪雪をもたらすことがある。屋根の雪下ろしを怠ると家屋が押し潰されてしまったり、道路の積雪で交通渋滞・事故を引き起こすこともある。日本海側の平野部の豪雪は、人口集中地域の積雪としては世界有数である。

一方、日本列島の中央部にある山脈（脊梁《せきりょう》山脈・34ページ参照）が雪雲をブロックするため、山脈の風下地域は乾燥した空気に覆われる。そのため、東北地方の太平洋側から関東地方・東海地方は晴天となることが多い。

∷春の訪れ

春分を過ぎる頃になると、ユーラシア大陸も暖まってくるので、シベリア高気圧は衰えていく。上空の寒気が徐々に暖気へと変わり、地上の気温も上昇していく。日本では春の訪れを花々の開花や鳥のさえずり、昆虫の成長などで確認することが多い。

「桜の開花」などに象徴されるように、春の季節は南から北へと変化していく。

日本周辺の気団

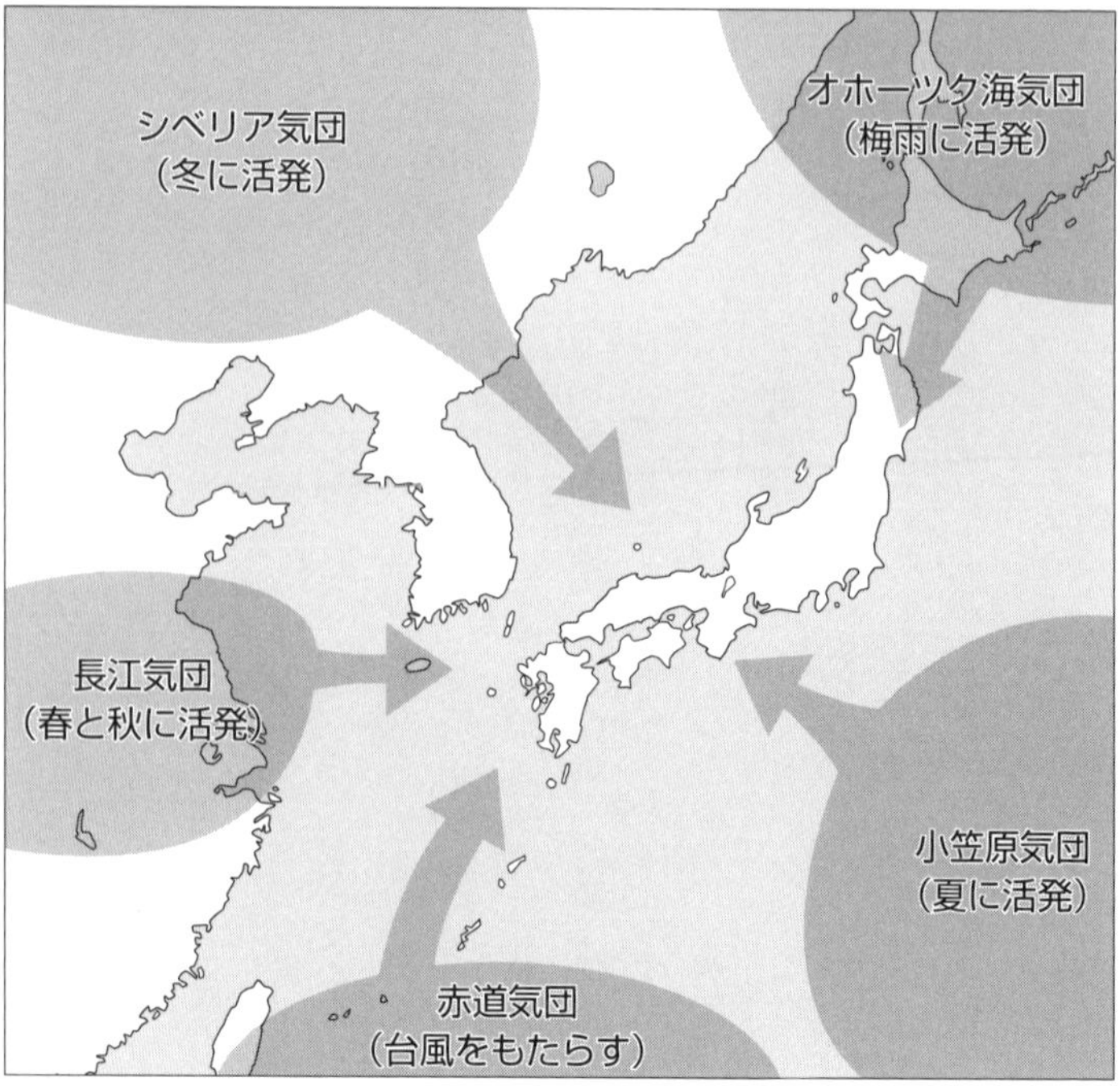

九州で桜の開花が話題になる頃、北海道ではまだ積雪がある日もある。

∷梅雨から夏への移り変わり

５月になると前線（暖かい気団と冷たい気団の境目。風向きが変化したり、雨が降りやすくなる）が本州の南岸に停滞する。中国南部（ヒマラヤ山脈付近）から本州南岸を通る、４０００㎞に及ぶ長い**梅雨前線**である。これは、寒冷な**オホーツク海気団**と温暖な**小笠原気団**がぶつかって停滞した結果、発生し、北海道を除く日本列島は2カ月にわたる梅雨の季節となる。

オホーツク海気団の力の大きい前線の北側（東日本）では**陰性梅雨**（気温が低めで、曇り空や弱い雨が続く）となり、前線の南側（西日本）では**陽性**

梅雨（気温が高めで、強い雨が降ったり晴れたりを繰り返す）となる。
2カ月の間に梅雨も季節変化があり、一般に陰性から陽性へと変化して、やがて小笠原気団が勢力を増し、盛夏となる。ただし、小笠原気団が弱いと、盛夏の訪れが遅れ、低温傾向が続き、稲などの農作物の生育に影響を及ぼす。さらに**「やませ」**と呼ばれるオホーツク海気団から吹き出す冷涼な北東の風が吹くと、東北地方の太平洋側を中心に、農作物への影響がより深刻となる。

秋になるまで

8月下旬になると、小笠原気団が弱まり、日本列島には再び前線が停滞する。北からシベリア気団が南下して小笠原気団とぶつかり**秋雨前線**を形成する。この時期の日本列島は台風の影響を受けやすく、湿潤な空気が送り込まれ、雨が降りやすい。東京の年間降水量をみると、9月が最大となる。

なお、台風は風速17・2m／s以上になった熱帯低気圧のことをいい、8月から9月にかけて多く発生する。それをもたらすのが**赤道気団**である。赤道気団は、年中高温多湿の帯状の気団である。

やがて秋雨前線が消失し、晴天の機会に恵まれる季節となる。シベリア気団が優勢となると、少しずつ気温が低下し、紅葉の季節がやってくる。落葉広葉樹の多い地域の紅葉は、桜の開花と同様、季節の移り変わりの象徴となっている。

6 日本の地形（1）
——プレートの境界に位置する日本列島

地球の表面は、厚さが１００㎞ほどある十数枚の**プレート**で覆われている。プレートは、ゆで玉子の殻に粗くひびを入れた姿に似ており、地球内部の**マントル**と呼ばれる部分の対流により、年間数㎝の単位で少しずつ移動している。プレートの境界では互いに衝突したり、離れたり、あるいはズレたりする。

そうすると、プレートに乗っている陸地が移動したり、あるいは海洋部分が拡大・縮小しているかのように見える。

■日本列島周囲のプレート

日本の周辺では、**北アメリカプレート**と**ユーラシアプレート**といわれる２つのプレートが列島の陸地部分を作り、**太平洋プレート**と**フィリピン海プレート**が主に海の部分に存在している。日本は、４つのプレートの境界に位置するという、ほかに例のない特異な場所である。

東北日本が乗っている北アメリカプレートの下には太平洋プレートが潜り込み、

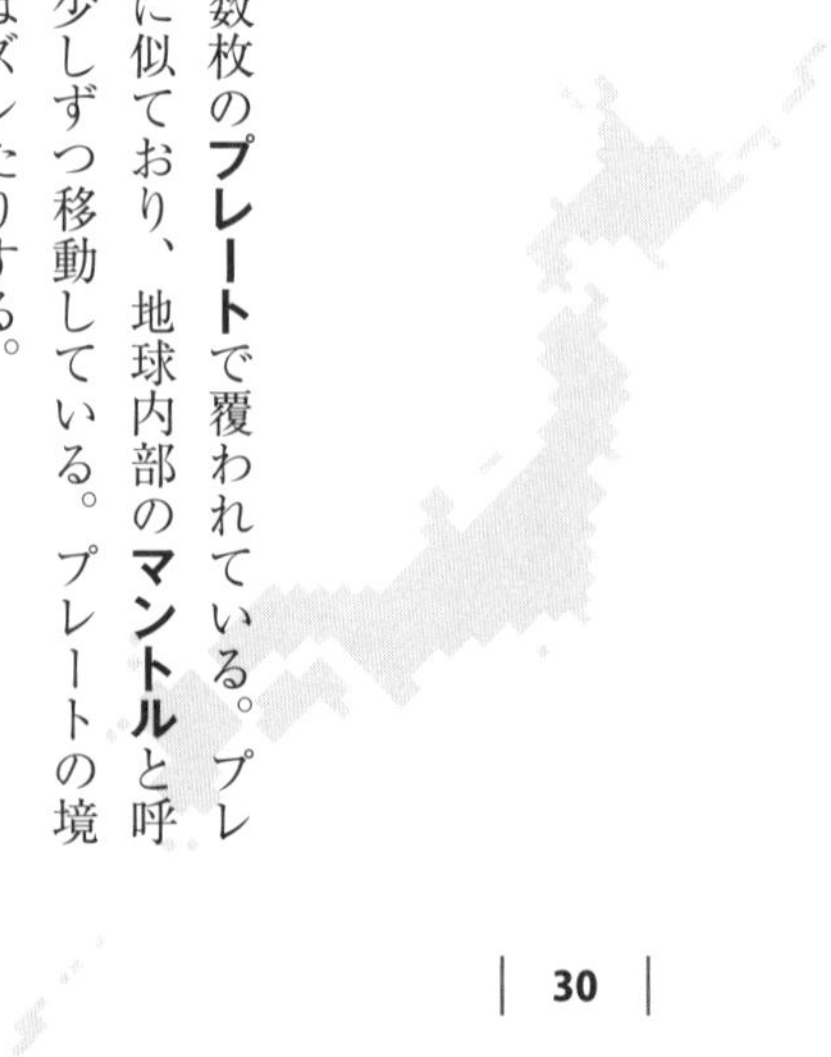

日本の地体構造

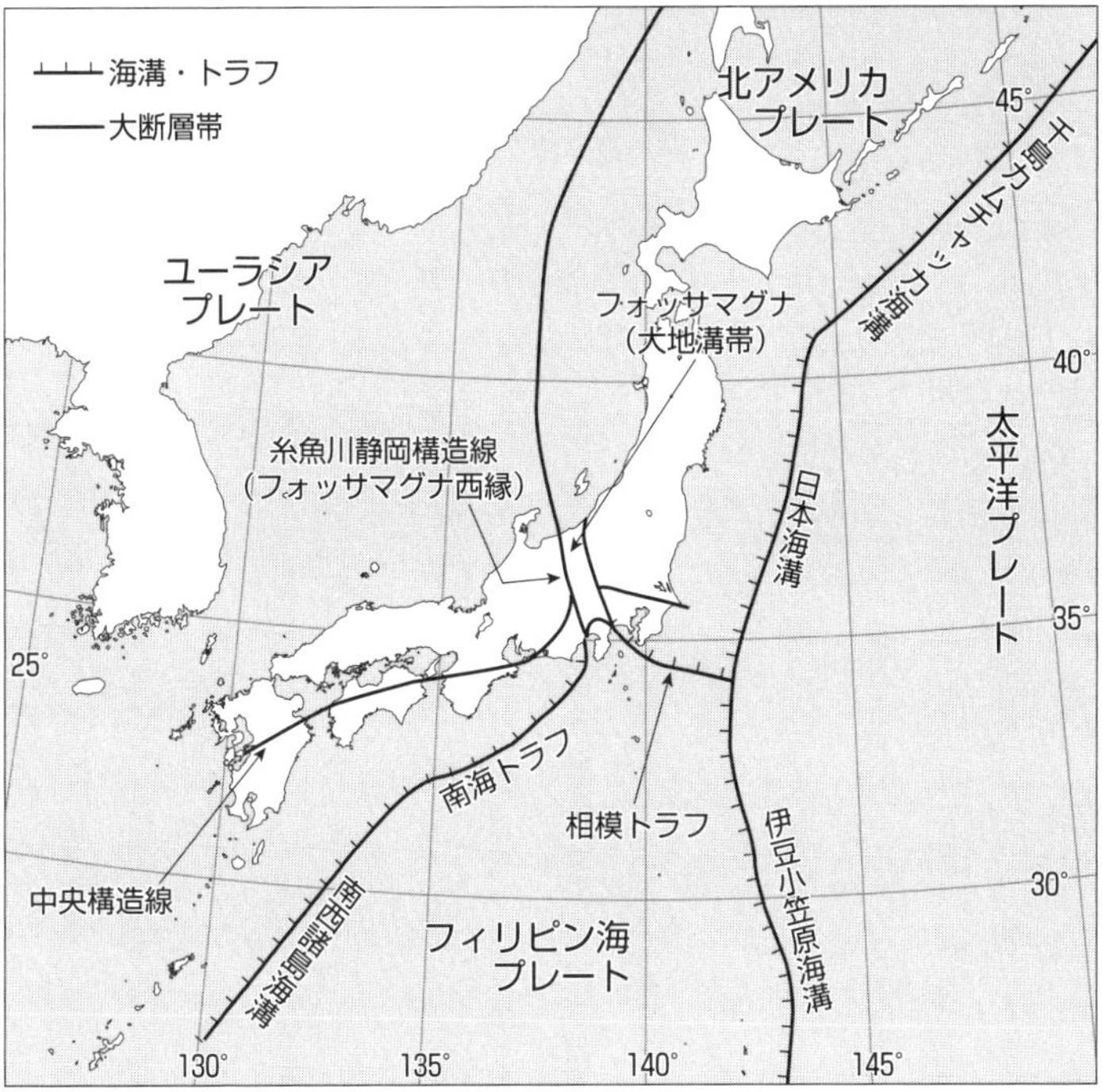

※地理用語集（山川出版社）などを基に作成

日本海溝を作っている。一方、西南日本が乗っているユーラシアプレートの下にはフィリピン海プレートが潜り込んで、**南海トラフ**（トラフとは「深い溝」のこと）と**相模トラフ**を作っている。

∷地震が発生する理由

プレート境界に近い日本列島は、海溝やトラフ付近で発生する**海溝型地震**の影響を受けやすい。このような地震は、しばしば津波の被害を伴う。

近年の例では、1993年の**北海道南西沖地震**（奥尻島を中心に被害）は、ユーラシアプレートと北アメリカプレートの境界で地震が発生して、津波を伴った。

２０１１年の**東日本大震災**を引き起こした**東北地方太平洋沖地震**は、太平洋プレートと北アメリカプレートの境界の海溝で発生した地震で、津波によって多大な被害を及ぼした。三陸海岸の津波被害経験のある地域では、古くから「地震が起きたらすぐに高台へ」「津波てんでんこ」（津波が来たら、各自てんでんばらばらに高台へと逃げろ）などの言い伝えが残されている。

また、**内陸型地震**（直下型地震）と呼ばれる、**活断層**の活動（プレート内部の岩盤のずれ）によって生じるものも多い。１９９５年の**阪神・淡路大震災**を引き起こした**兵庫県南部地震**、２００４年の**新潟中越地震**、16年の**熊本地震**などがその例である。

このように、日本列島は地震・津波被害から逃れることはできない地域である。しかし、過去の災害体験から被害を少なくすることは可能であり、建築物の立地場所を検討したり、耐震基準を設けたりと、色々な工夫をしてきた。

∷火山と日本

また、日本は地震のほかに火山活動も活発な地域である。

現在、日本列島には１１０の**活火山**（概ね1万年以内に噴火した火山）が指定されている。日本列島の火山の分布は多くの場合、海溝と平行している。これを、**火山フロント**と呼ぶが、このことから、火山はプレートの潜り込みと関連している

海洋プレートの潜り込み

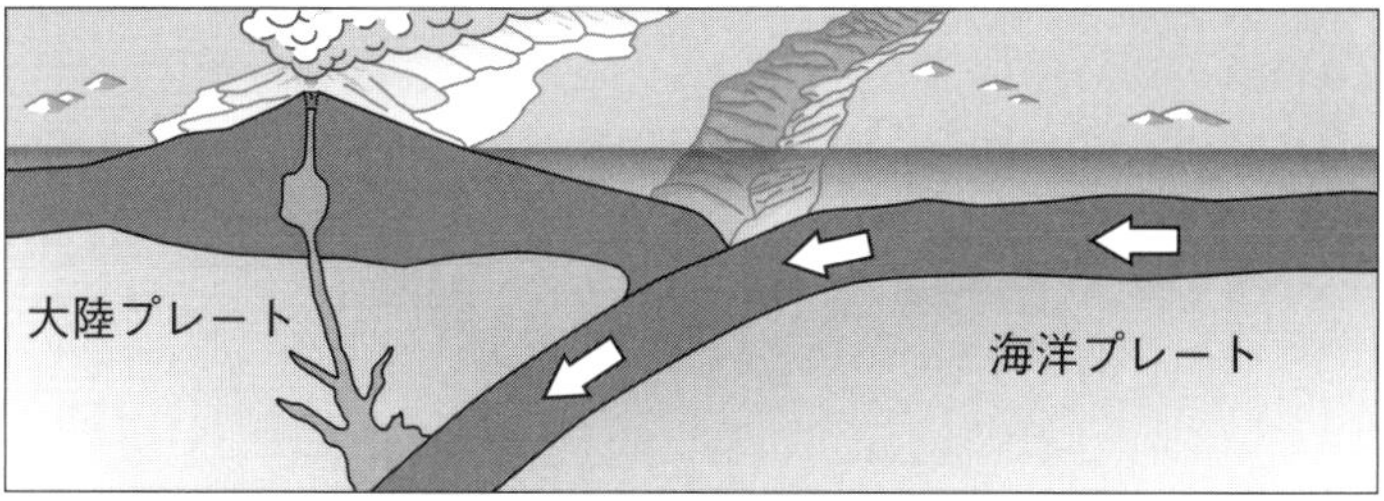

※『新詳細図資料 COMPLETE2013』（帝国書院）を基に作成

と考えられる（上図を参照）。

気象庁は２００７年以降、噴火警戒レベルを設定して、各地の活火山の**噴火警報**を出すしくみを導入している。噴火の前兆は火山性地震・微動の観測データなど以外にも、地熱の上昇、噴気ガスの変化、地割れ現象など人間の目による観測も重要である。

しかし近年は、測候所が廃止されるなどの影響で、細やかな情報を把握しにくくなってしまった。地震の予知も同様であるが、火山噴火の予知は、十分な研究体制が整っているとは言い難い現状である。

たとえば、長野県と岐阜県の境界に位置する御嶽山《おんたけさん》は、２０１４年に予兆なく噴火し、死者・行方不明者63名の大きな被害を出した。

このように、噴火の予知、火山情報の発信には課題があり、模索はいまも続けられている。

7 日本の地形（2）
——河川によって作られた沖積平野

日本列島の地形は山地が約75％を占めている。山地は急峻であるため、河川は急流で短く、洪水のたびに大量の土砂を運び出すことでできる**沖積**《ちゅうせき》**平野**ができた。地形がどのように形成されるのかを見てみよう。

■山麓に広がる扇状地

奥羽山脈や飛騨山脈など、日本列島を縦走し、背骨のようになる山脈を**脊梁山脈**という。大きな河川はそれらの山間から流れ出し、洪水のつど泥水として大量の土砂を下流に運び堆積させてきた。このような堆積作用でできた平野を沖積平野と呼ぶ。

山麓には、山間の河川の侵食、運搬、堆積により、**扇状地**と呼ばれる地形が形成されることが多い。扇を広げたような形をしていることからそのように名づけられた。

扇状地の上部（**扇頂**《せんちょう》）は、大きな石ころなどの堆積物が多い。中央部（**扇央**《せんおう》）

平野ができるまで

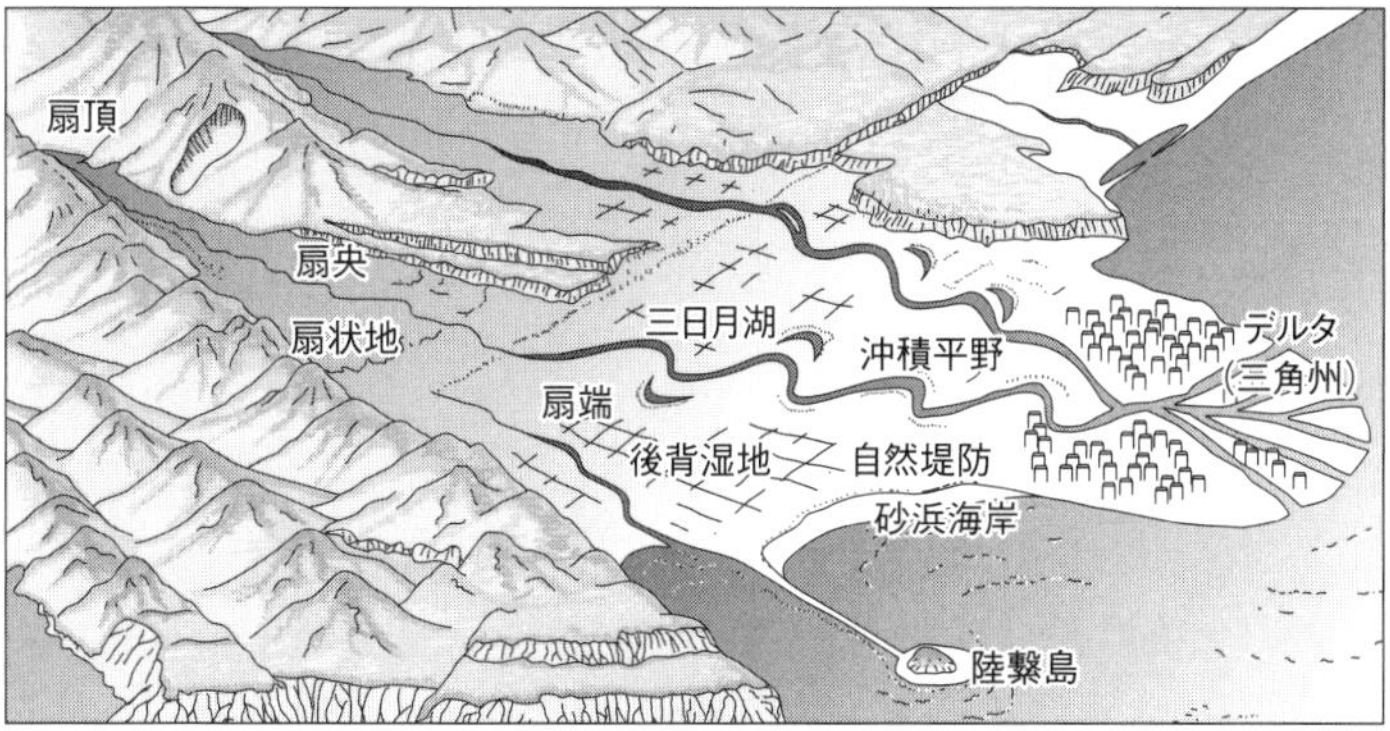

※『地理Ａ』（東京書籍・平成25年発表）を基に作成

の川の水は地下に浸透して**水無川**となることもある。このような地下に浸透した水が、下部（**扇端**《せんたん》）では湧水となって、水田や生活用水として利用されてきた。

その事例として、教科書などでは、山梨県甲府盆地の甲州市勝沼付近や長野県安曇野《あずみの》市の北アルプス山麓の扇状地がよく取り上げられている。

∷中流から下流の平野

河川の中流となると、流れが緩やかになり、土砂が堆積しやすくなるため、周辺低地よりやや高い堤防のような形状の、**自然堤防**ができる場合がある。自然堤防の背後は湿地となることが多く、**後背湿地**と呼ばれる。

一般的に後背湿地は水はけがよくないが、日本では、治水や土木作業によって、水田としてよく利用されてきた。

また、これらの湿地には、河川が以前流れていた跡に水が溜まってできた、**三日月湖**が見られる場合もある。

河川の最下流には、細かい土や砂粒で形成された**デルタ**（**三角州**）がある。三角州には網の目のような細かい川の流れが見

現在の富士山ができるまで

1万年前	新富士山（現在の富士山）
10万年前	古富士
70万～20万年前	小御岳
さらに前	先小御岳があった？

られることが多い。

なお、海岸付近に作られる特徴的な地形に、**陸繫島**《りくけいとう》といわれるものがある。これは、もともと陸地に近いところに島がある場合にできやすい。陸地と島の間の海底に、陸地から海に流れた土砂が堆積することでつながったものである。神奈川県藤沢市の江の島や、北海道函館市の函館山が代表的なものである。

∷噴火による山地の形成

山地のでき方は大きく分けて2種類ある。1つは**火山噴火**や噴火による堆積物によってできた山。もう1つは土地の隆起などの**地殻変動**によってできた山である。前述のように（30ページ参照）日本列島は4枚のプレートの境界部に位置するため、火山が多い。

火山ができる事例として、**富士山**の事例をを見てみよう。

富士山は日本を代表する**成層火山**（複数回の噴火で流れ出た溶岩等によってできた山）である。現在の富士山の下には古い火山が2～3つ隠れている。

70万～20万年前に**小御岳**《こみたけ》が形成され、やがて侵食された。さらに、小御岳の下には先小御岳《せんこみたけ》があったとの説もある。

10万年前には小御岳の中腹から**古富士**《こふじ》が噴火し、2～3度目の成層火山ができた。古富士は活発な噴火を繰り返し、吹き上げた火山灰が偏西風によって運ばれ、**関東**

ローム層となった。

さらに約1万年前から現在の新富士山が噴火を繰り返し、均整のとれた成層火山に成長した。

富士山の一番新しい噴火は、江戸時代の**宝永噴火**（1707年）である。火山灰は現在の東京や埼玉、千葉にも堆積した。その際の噴火の火口は、富士山の南東の斜面にある。

噴火の際には火山灰や溶岩が噴出され、またそれ以外にも噴出物が火砕流として発生する。1986年に噴火した伊豆大島の三原山や2000年に噴火した三宅島雄山《おやま》の噴火では、全島民が避難する事態となった。また1991年に長崎県の雲仙岳で発生した火砕流では43人の死者・行方不明者を出している。

なお、溶岩や火砕流の流れた跡地や火山ガスの影響が残る地域では、植物が生えない土地が見られる。

8 地図の種類と活用法

――地理を学ぶうえで欠かせない存在

地図は地理を学ぶ人だけでなく、観光、都市計画といった事柄にも欠かせない存在である。

∷一般図と主題図

地理学では地図から世界、日本、地域といった単位で情報を読み取ったり、また逆に、諸事象を地図に記していくことが必要となる。地図の定義は「地表面の事象を一定の縮尺で、平面の媒体上（たとえば紙面）に表現したもの」（『地理学辞典』）である。

ただし一言で地図といってもその種類は多岐にわたり、目的に応じて適切に使い分けることが求められる。

地図は現実より縮小して表現される。その中で、多様な情報を描いた地図は**一般図**と呼ばれ、国土地理院が発行する地形図などはその代表的な例である。多くの情報を入れるために**地図記号**が活用されており、建物の種類を示すものから、植生、

一般図と主題図

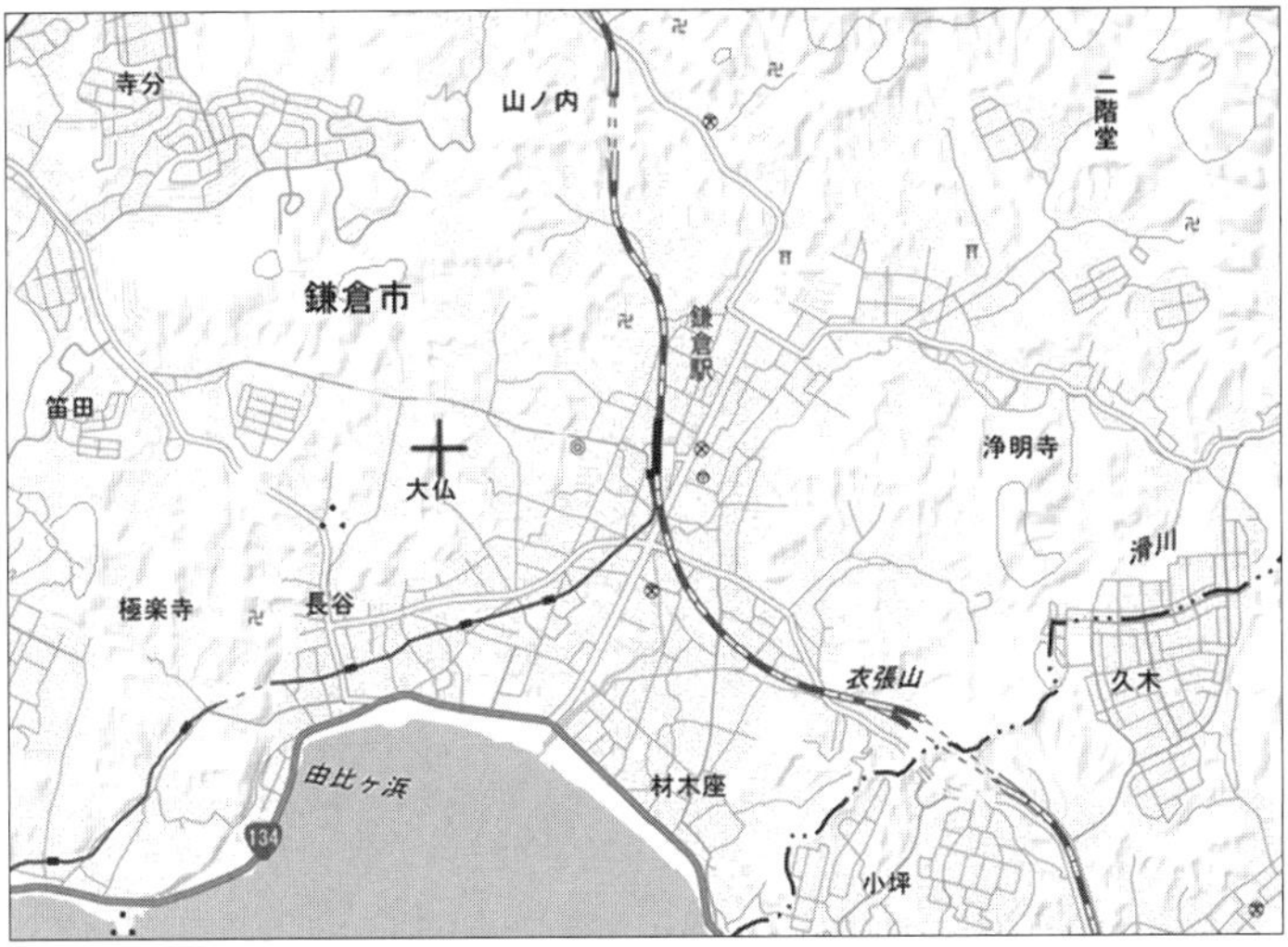

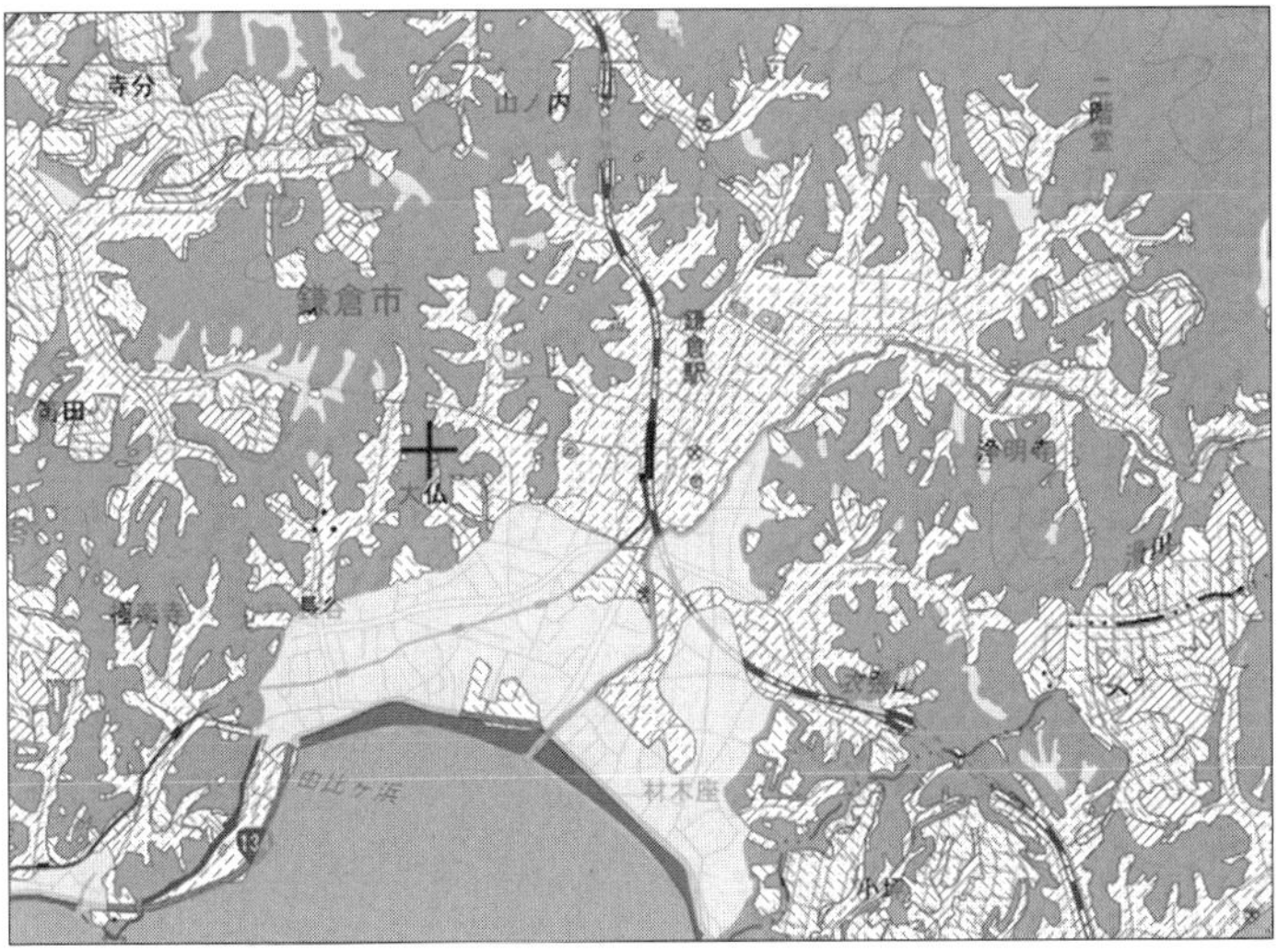

（上）神奈川県鎌倉市付近の一般図（地理院地図）
（下）同じ場所の土地条件図
※国土地理院ホームページより

500m

道路の幅員までである。また、**等高線**などを用いて地形の概観を読み取ることもできる。

一方で、特定の情報に特化した地図は**主題図**と呼ばれる。こちらはさまざまな地図があるが、風水害対策や地震防災に役立てるための**土地条件図**、都市の商業や工業の機能区分、農地・林地などの植生区分を表示した**土地利用図**、商店街の各店舗の情報を盛り込んだ地図などが例としてあげられる。

主題図は1つの目的に特化した地図であるため、ほかの目的には利用しにくいことが難点である。地図を見る際には、どのような情報を伝達しようとしているのか考える必要がある。

∷地図の縮尺

同じ範囲であっても縮尺が違えば、地図も違ったものになる。縮尺とは実際の距離（長さ）を縮めた割合である。したがって世界地図は縮尺が小さく（**小縮尺**）、新宿の高層ビル街など、ごく限られた範囲の地図は縮尺が大きく（**大縮尺**）なる。

縮尺の使い分けも各自が地図を使う目的に応じて変えなければならない。たとえば、小縮尺の地図は大まかな位置関係を知るには役立つが、描くことができる情報が少ないため、省略されている情報が多数存在することを念頭に置いて地図を見る必要がある。

決定した外国人向け地図記号

項目	外国人向け地図記号	従来の日本の地図記号
郵便局		
交番		
神社		
教会		
博物館/美術館		
病院		
銀行/ATM		
ショッピングセンター/百貨店		
コンビニエンスストア/スーパーマーケット		
ホテル		
レストラン		
トイレ		
温泉		
鉄道駅		
空港/飛行場		

※国土地理院ホームページを基に作成

∷変化する地図記号

地図といえば地図記号を思い浮かべる人も多いだろう。

国土地理院は、2016年1月に、外国人向けの地図記号を15種公表した。訪日外国人が見てすぐにわかるようにしたのが特徴で、逓信《ていしん》省の「テ」からできた郵便局のマークは手紙のマークに、Hを丸で囲んだ記号などで示すことの多いホテルはベッドのデザインとした。また、教会の十字は墓地と混同するおそれがあるとのことで、より外国人にわかりやすい記号に変更した。

また、地名や施設名の英語表記ルールも、外国人に理解しやすいようにした。「山」や「川」などを表す部分を英語に置き換えることを基本としている。たとえば富士山は「Ｍｔ．Ｆｕｊｉ」となる。ただ、鳥取県の大山《だいせん》のように置き換えにくい場合は「Ｍｔ．Ｄａｉｓｅｎ」とするという例外もある。

このように、地図の表記の方法は、時代の情勢に合わせて変化している。このような視点から地図を観察してみることも面白いだろう。

9

日本における地図の歴史

——古代から現代までの歩みをたどる

日本における地図作製の技術は、江戸中期を過ぎたあたりから西洋の天文学・測量技術の移入と印刷技術の進歩によって発展した。明治以降になると、地図（地形図）の作成組織は陸軍の参謀本部陸地測量部（1888年発足）が中心となった。そのため地図は軍事利用を優先させたものもあった。

∷大化の改新と地図

日本における地図の歴史は、「地図を奉れ」という7世紀の大化の改新の詔《みことのり》（＝天皇の命令）に始まるとされる。だが、詔に記された地図は1点も残っていない。最古の現存している地図は、奈良時代の東大寺に関係する**開田図**（751年作製）である。

長い間、日本地図の原型といわれてきたのは奈良時代の僧侶・行基が作ったとされる**「行基図」**である。ただし行基図は、実際に広まったのは江戸時代のことであり、かつ正確な測量に基づいたものではなく、日本列島の姿や形は大ざっぱである。

memo

伊能図の種類

伊能図には、1821年完成の「大日本沿海輿地全図」（大図214枚・縮尺３万6000分の１、中図８枚・縮尺21万6000分の１、小図３枚・縮尺43万2000分の１）のほか、測量ごとに作った各地の地図や名勝地を描いたものなど、多くの種類がある。

中世を通じては、手書きの荘園絵図などがわずかに残っている程度であるが、16世紀末頃の織田信長・豊臣秀吉の時代になると、ポルトガル人がもたらした地図によって、諸外国・地域が書き込まれた**屏風絵図**などが作られた。

江戸時代の地図

17世紀前半になると、木版印刷の地図など、多様な地図が流布し、それ以前とは全く異なる地図文化が花開いた。最大の理由は徳川幕府自身による地図作製事業である。幕府は初期の慶長絵図から始まり、熱心に地図作り（諸国国絵図、街道図、城下町図、江戸時代後期には世界地図なども）を行なった。

江戸時代は、西洋からもたらされた天文学と測量技術が、地図の発展に大きく貢献した時代であった。代表例は１８２１年に完成した、測量に基づく本格的な日本地図である**「大日本沿海輿地全図《だいにっぽんえんかいよちぜんず》」**（**伊能図**とも呼ばれる）である。

伊能忠敬《いのうただたか》（１７４５～１８１８年）は、緯度・経度を天体観測で測り、地図の上に基準となる位置を正確に書き込み、さらに距離を実測し、記録・作図した。伊能図には、海岸や道に忠敬の測量した線（測線）が朱線で描かれている。測量に行った所は記録され、行かないところは書かないときっちり分け、後に検証できるようになっており、事実と技術に基づいた科学的に立証された地図であった。地図作製の歴史において伊能図は大きな業績である。

伊能図による伊豆半島の北部

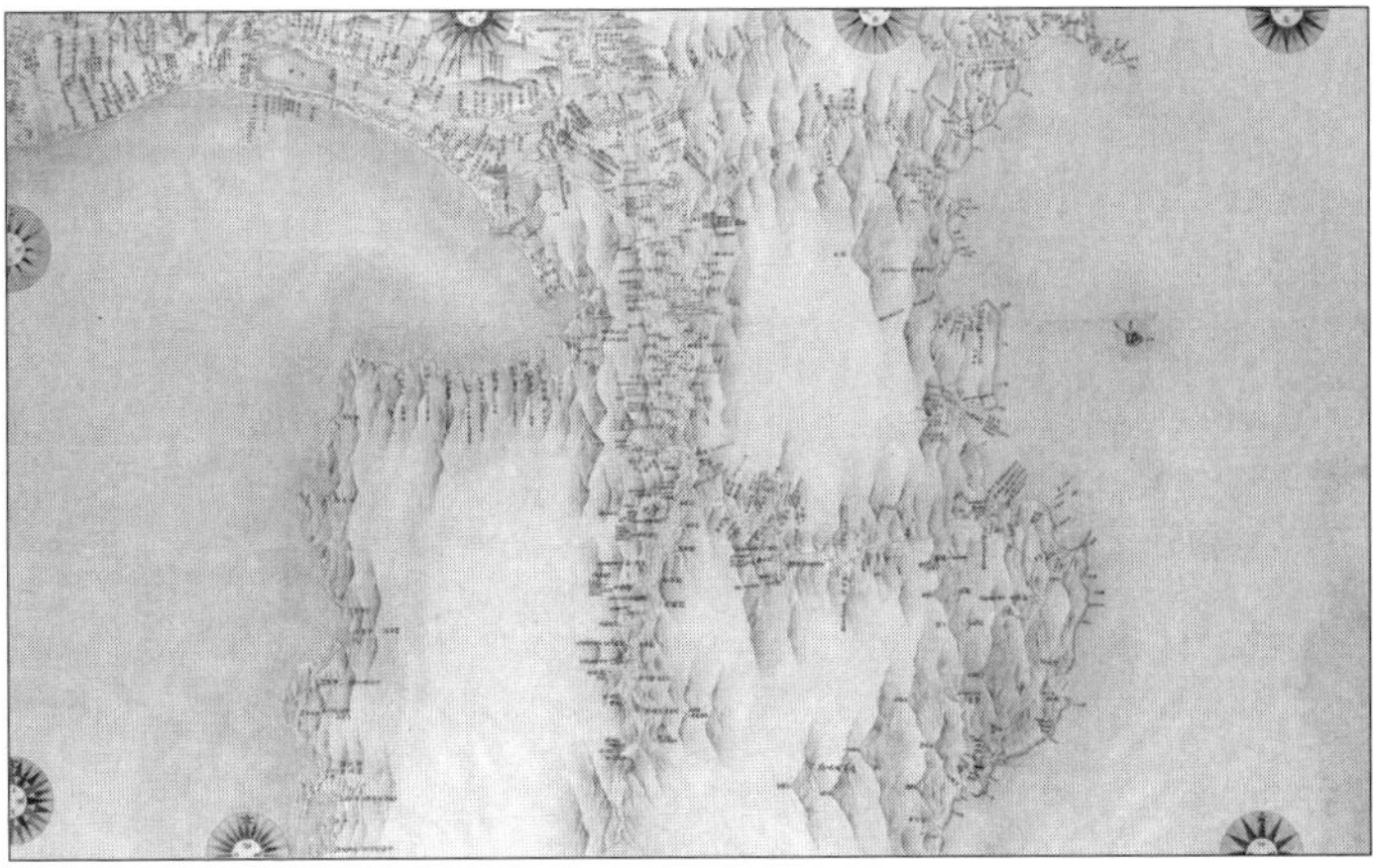

※国立国会図書館蔵

しかし、幕府の官庫にとどめ置かれていたため、実際に伊能図が使用されるのは、明治になってからである。

明治以降の地図

明治になると陸軍が**迅速測図**という簡易地図を作製するが、そのきっかけは九州で起きた、西郷隆盛を首領とする反乱である西南の役（1877年）であった。戦争の際には地図が重要との認識で、地図の作成が始められた。

その際の測量期間は1880年から1886年、範囲は首都東京とそれに近い関東地方で「第一軍管地方2万分の1迅速測図」と呼ばれる。一定方法で速やかに地図として表すという全体的な視野と、国土防衛のための軍事上の重要事物を調査するという目的を持って作製された。迅速測図は江戸末期の土地利用状況が推定できることから、貴重な文化遺産として現在も利用されている。

ただし、日本全国を網羅する2万分の1地図の作製には期間がかかりすぎるため、明治中期に5万分の1地形図の作成に変更され、１９２４年にほぼ完了する。正確で精密な地形図は「陸軍唯一の文化遺産」と評価する人もいる。

日本中に広がる水田は、地図記号が乾田・湿田・沼田に分けられた。農業の側面からではなく、歩兵が軍事に際し、水量の多い少ないが行動の判断に重要であったからである。その必要がなくなった戦後の「昭和30年式図式」からは、乾田記号が水田記号一般として使われている。

∷国外地域を対象とした外邦図

外邦図は、１９４５年の第二次世界大戦終了まで、日本が国外地域を対象として作ってきた地図の総称で、**内国図**との対比でこのように呼ばれる。外邦図の作製は植民地・占領地統治政策のためであり、また実際の戦争で利用された軍用地図であった。

国内図・外邦図とも戦前の日本において、地図作製の中心は陸軍陸地測量部や海軍水路部といった軍隊の機関が担っていた。そのため軍事上、機密扱いとなる場所では、地図の刊行にあたって該当部分が削除された**戦時改描図**も多く存在する。

現在の日本では、誰でも自由に地図を購入することができる。国土地理院はさまざまな種類の地図や航空写真などの提供を行なっている。また、パソコンやスマートフォン、カーナビなどでも地図が提供され、多くの分野で活用されている。

10

ＧＩＳとは何か？

——防災や都市計画に役立つシステム

ＧＩＳはGeographic Information Systemの略称であり、**地理情報システム**という日本語訳があてられている。ＧＩＳはこれからの時代の都市計画や行政による政策立案に欠かすことができないものである。

■ＧＩＳの活用方法

ＧＩＳは我々の生活にもすでに深く根差しており、たとえばバーチャル地球儀ソフトとして知られる**グーグル・アース**（Google Earth）もＧＩＳソフトの一つである。グーグル・アースでは、世界遺産や熱帯雨林の開発の状況、難民キャンプの様子など、世界各地の情報を衛星写真・航空写真で閲覧することができる。

日本においては、２０００年代以降、ＧＩＳに関連する法律が整備され、近年では災害（被害予測や実際に起きてしまった災害の被害状況の提示など）、商業戦略（店舗の立地や物流の最適化など）、交通管理（渋滞対策など）といった、さまざまな分野で活用されてきている。

GISの概念図

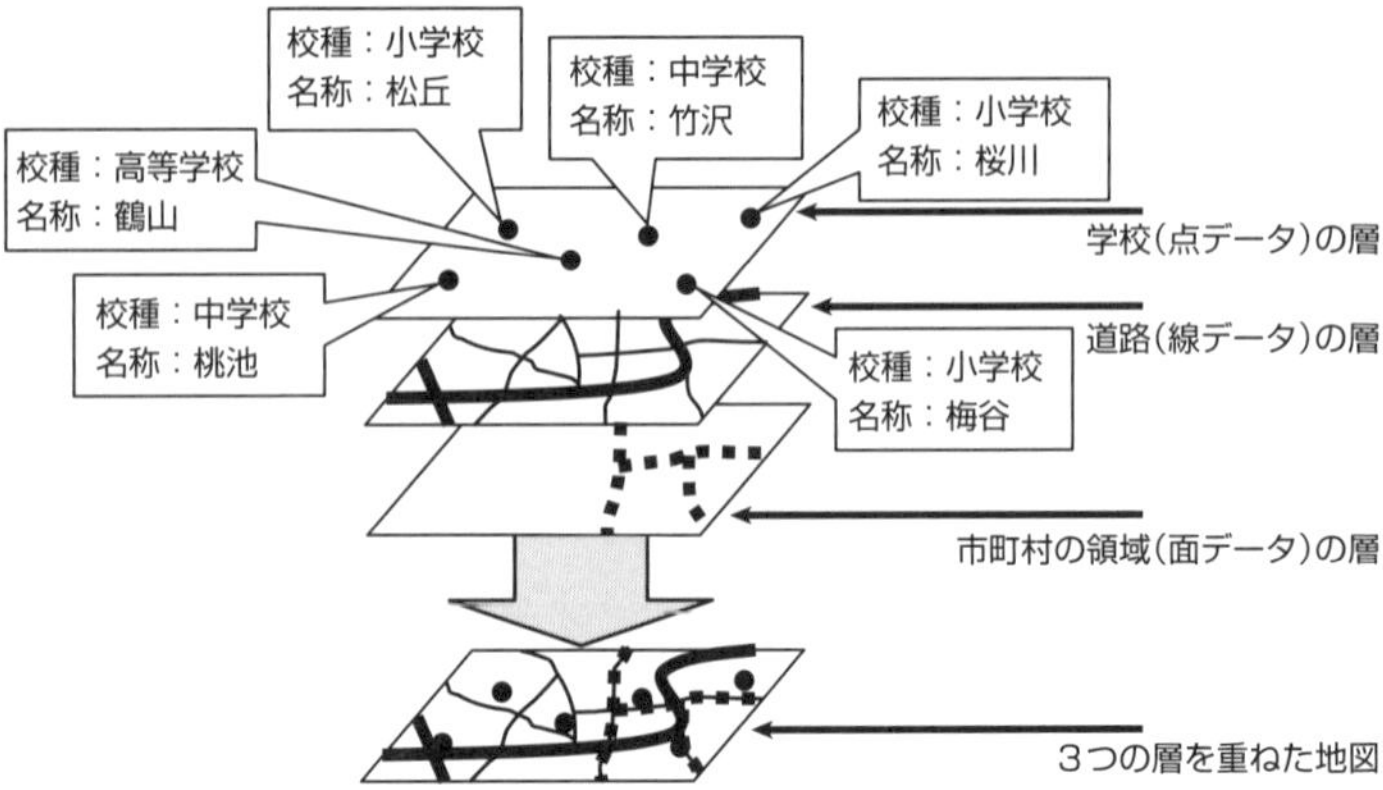

∷GISの特徴

国土交通省のホームページを見ると、「GISとはコンピュータ上で様々な地理空間情報を重ね合わせて表示するためのシステムのこと」と記されている。

複数ある**地理空間情報**の中から、必要とするもののみを「重ね合わせて」地図として表示できることがGISの大きな特徴である。すべての情報を重ねて見ることも可能であるし、不要と思われるものを除いて見ることも可能である。

たとえば、上の図では学校の位置・道路・市町村の領域という三層のデータを重ねる方法を例示した。必要なデータを追加したり、削除したりすることによって、目的に合わせた使い方ができる。

∷地理空間情報を用いた分析

次ページ上の図は、世田谷区の区立図書館の配置状況を考察するために、MANDARAというGISソフトを用いて作成した図である。世田谷区の区立図書館の潜在的な利用者を把握するために、人口の分布図と図書館の位置を重ね合わ

GISソフトで作成した世田谷区の人口と図書館の分布図

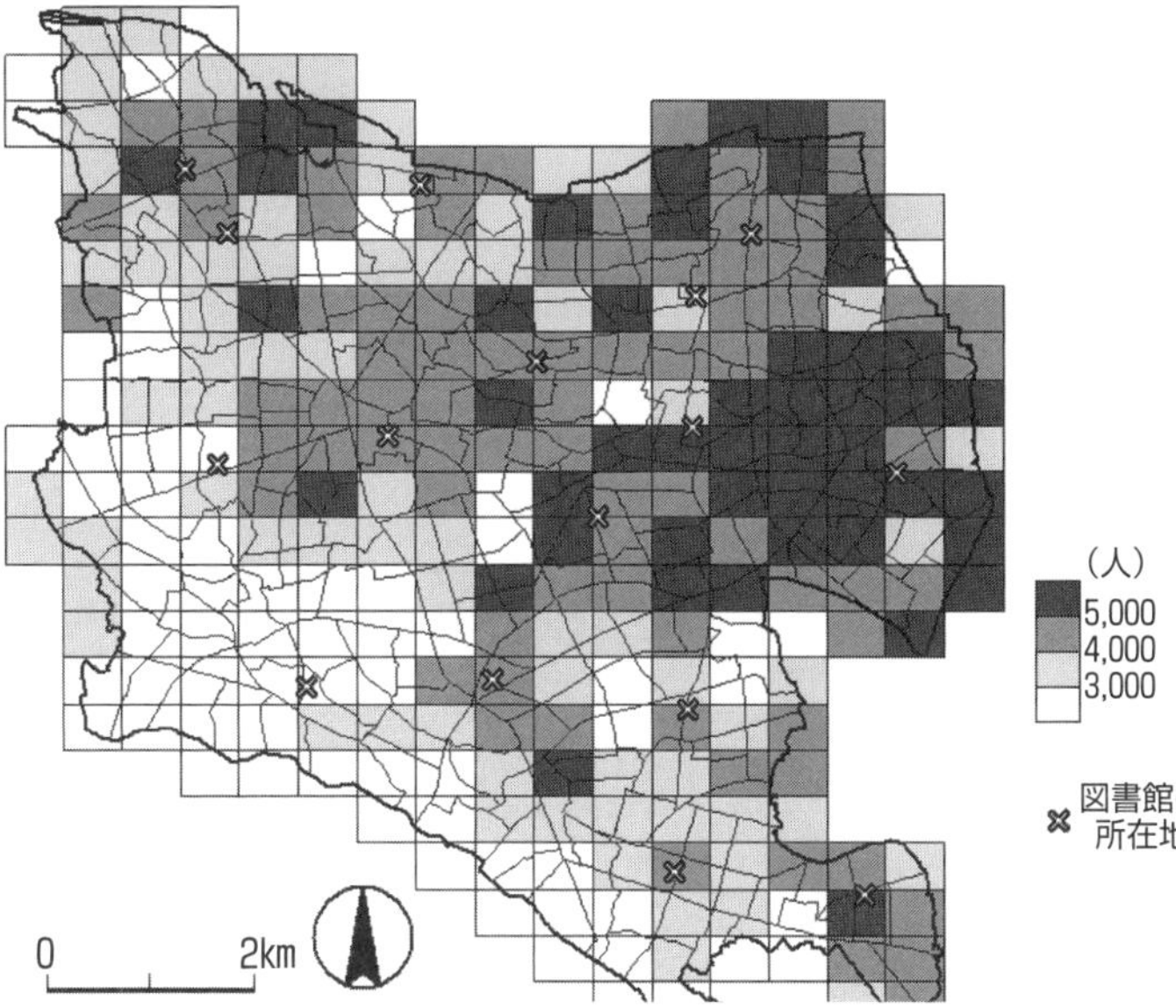

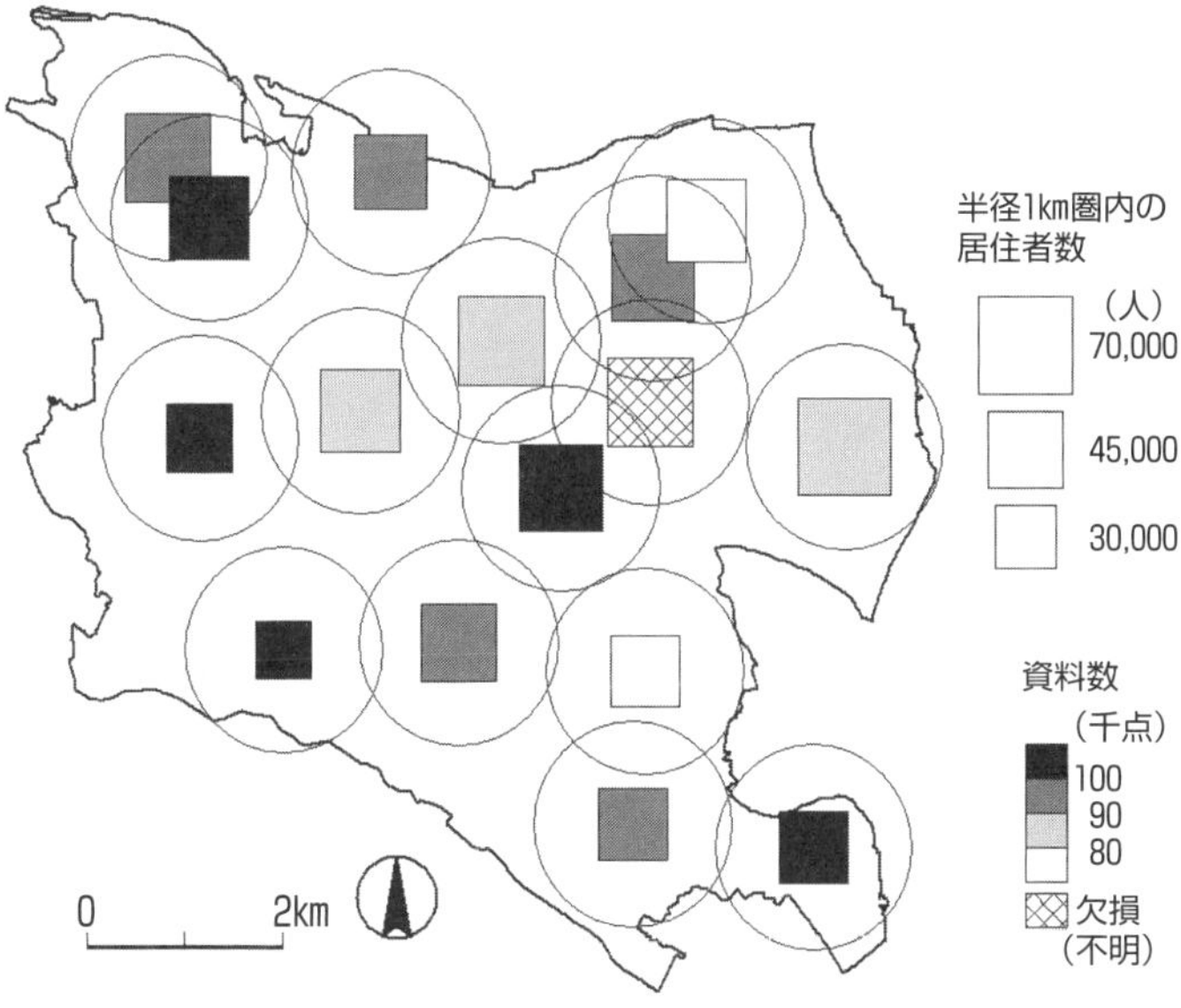

せている。

このような地図表現にとどまらず、GISは「地理空間情報」を用いて、さまざまな分析をすることができる。

その一例として挙げたのが前ページ下の図である。これは、図書館から半径1㎞圏に含まれる地域内の人口の合計を集計し、各図書館の位置に描かれている四角形の大きさで示したものである。また、四角形の内部の塗り分けにより、各図書館が所蔵する資料数(2015年現在)の多寡を示した。

この図を見ると、人が集まりやすい図書館はどこなのか、今後、図書館が必要とされる地域はどこなのか、どこの図書館で蔵書数を増やすのが有効なのか、などといった分析ができる。

∷GISは便利な「道具」

このようにGISは都市計画や防災、商業戦略などを考える際、有用な情報を提供できる可能性を秘めている。しかし、GISはあくまで地域を知るための「道具」に過ぎないことを忘れてはならない。GISが有用な道具になるか否かは、使用者次第である。

GISによる情報が生活のあり方を変えるともいわれるが、どのような情報が必要なのかを見定めるスキルが求められている。

第3章

「移動」の地理

11

交通の発達と生活の変化
——便利になる一方、新たな問題も

日本では高度経済成長の時期から、新幹線の開業や空港の整備、高速道路の建設など、交通の発達が進んだ。高速輸送時代に入り、大都市間のモノの移動は便利になる一方、鉄道やバス路線の廃止・減便により、過疎化に拍車がかかる地域が生み出された。

∷自動車による輸送が50％を超える

１９６０年頃の一般的な貨物の輸送手段は、鉄道と船であった。しかしその後、左ページ図に見るように鉄道輸送が著しく減少する。

一方、**高速道路網**は、80年代後半に総距離が約４４００㎞となり、私たちの生活や行動範囲を拡大させ、**時間距離**（54ページメモ参照）を縮めた。２０１４年時点では、高速自動車国道の総距離は約８４００㎞である。

80年代になって急成長する宅配便産業やコンビニの全国展開は、自動車による高速輸送によって可能となった。サービス産業など第三次産業の割合が50％を超えるのもこの時期であり、東京一極集中に拍車がかかった。

　その一方、高速道路の普及に伴う問題も出ている。

たとえば、現在、本州・四国間は、高速道路が３ルートある。このように道路網が整備された一方、瀬戸内海を行き交う船の定期航路の多くは廃止された。最初の本州四国連絡橋である瀬戸大橋開通の前年にあたる１９８７年には22航路が運航されていたが、２０１３年は７航路になってしまった。

　航路数の減少により、瀬戸内海の離島では救急搬送が必要な場合に対応できなくなるなど、まさに生死を分ける事態も起きている。

空の便

航空機を利用する人の割合はどう変わってきたのだろうか。

　国内線と国際線の定期輸送の合計から人口１００人当たりの利用者数を割り出した統計がある。１９６０年ではこの数字が１であったが80年に39となり２０１４年は88である。このように空の便の大衆化をおし進めている要因の１つに、**LCC**（ロー・コスト・キャリア）とよばれる低運賃の航空会社が輸送網を広げていることがある。成

貨物輸送の変化

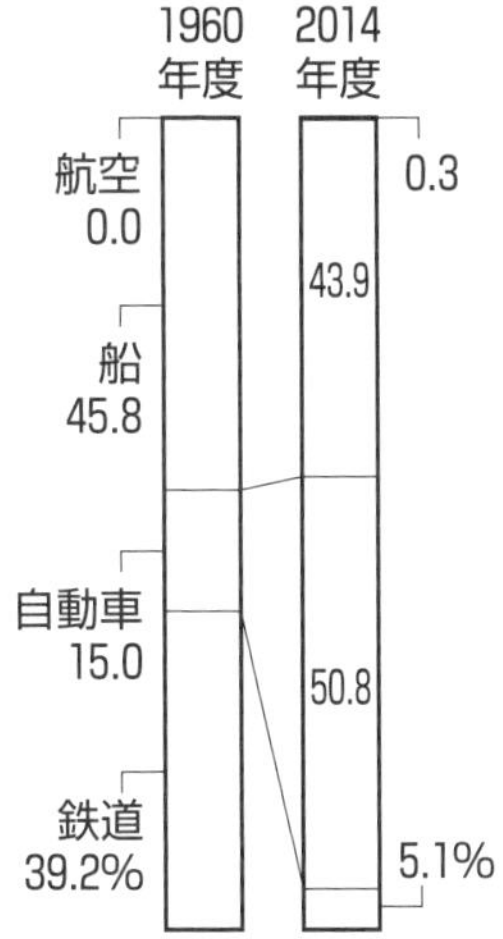

※「交通関連統計資料集」（国土交通省）を基に作成

memo

時間距離

東京から鉄道のみを使い根室に行くのに要する時間は、航空機でスペインのマドリッドに行く時間とほぼ同じである。このように絶対的な距離の比較ではなく、移動にかかる時間で表した距離のことを時間距離という。

田空港は、15年3月からLCC向けのターミナルを開業した。

航空交通需要がさほど多くなく、また一定でない地方都市間や離島路線などは、**エアコミューター**がカバーしている。これは、短距離を小型飛行機によって定期運行する地域航空輸送である。

日本での始まりは、1983年に奄美大島を中心に4路線の運航を開始した日本エアコミューターで、現在は12社が運航している。中には、たった1機で天草（熊本県）―福岡3往復、天草―熊本1往復、熊本―伊丹（兵庫県・大阪府）1往復の計10便を毎日運航している天草エアラインのようなケースもある。また、久米島のクルマエビ、北大東島の養殖アワビ、与那国島のカジキマグロを那覇空港に運ぶという地域経済活性化の役割も期待されている、琉球エアコミューターのような路線も存在する。

∷海上輸送が命綱

東京都小笠原村は、東京から南へ約1000㎞に位置する。日本の最も東にある南鳥島、最も南側にある沖ノ鳥島を含めた約30の島々を**小笠原諸島**という。

現在、小笠原諸島で人が住んでいるのは父島（約2000人）と母島（約450人）だけである。交通手段は海上輸送のみで、航空機は八丈島（東京から約300㎞）までしか飛んでいない。

東京の南にある小笠原諸島

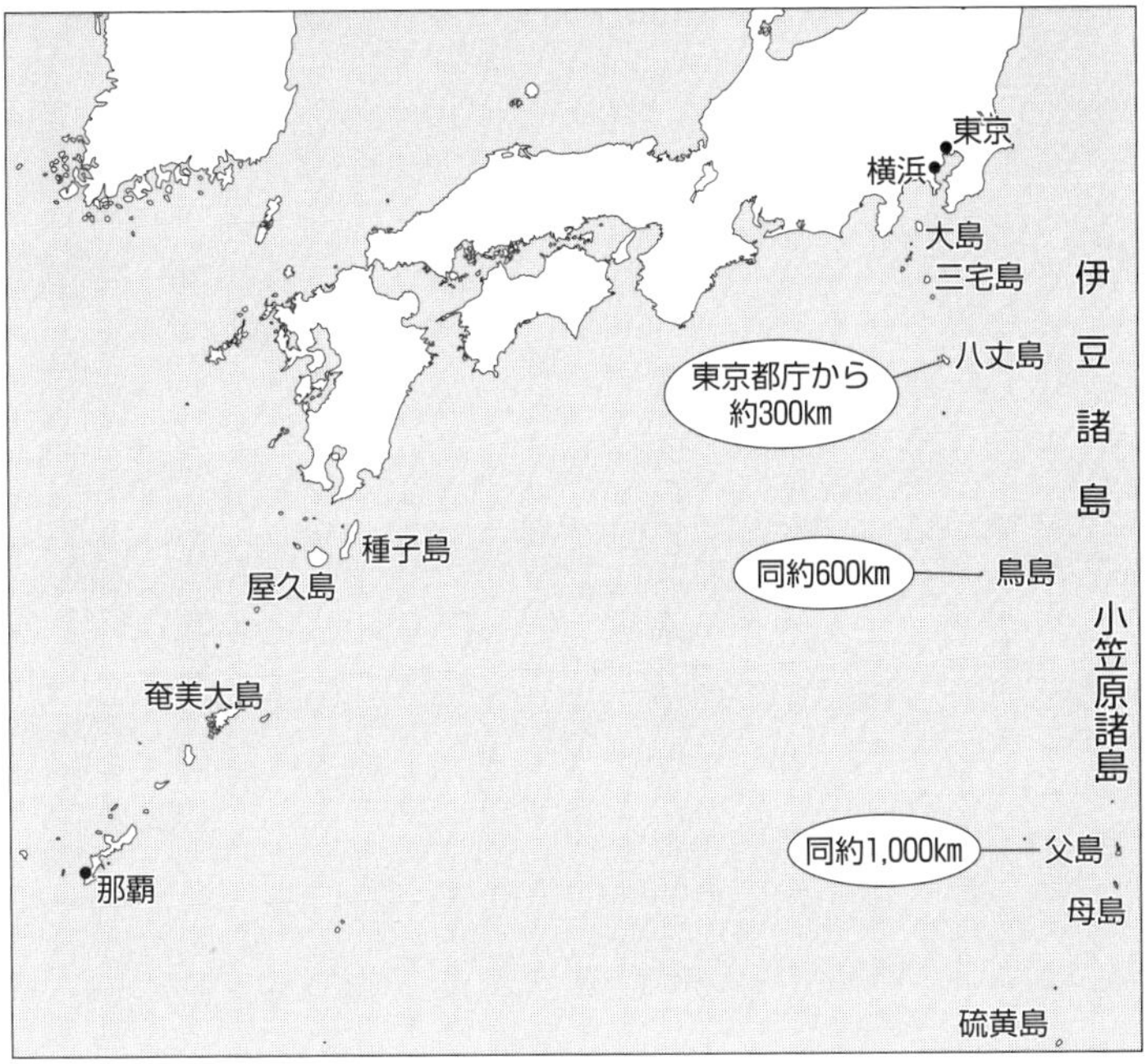

定期船の「おが丸」（「おがさわら丸」の愛称）は、島民の生活を支えている。現在、東京─父島間を約6日に1便の割合で運行し、観光客や生活物資を24時間かけて運んでいる。母島には「ははじま丸」で父島からさらに2時間を必要とする。

台風シーズンや冬期などは、「おが丸」の欠航（２０１５年は5便）や、入港時間の遅れが発生する。

さらに「おが丸」に接続する「ははじま丸」も欠航となることがあるため、母島では食料品、日用品の供給が不安定な時期もある。そのため、母島の商店は小規模な数店に限られている。

なお、父島特産のパッションフルーツやマンゴー、母島のレモンなどは「おが丸」で東京に出荷されている。

12 新幹線が変えた地方の風景
——地元に与えた影響とは？

１９６４年に東京—新大阪間を４時間で結ぶ**東海道新幹線**が開業して以降、新幹線は日本各地を走るようになった。

２０１５年３月には北陸新幹線の長野—金沢間が開業し、16年３月には**北海道新幹線**の一部が開業した。このような新幹線の開業は地域に何をもたらすのだろうか。

∷北海道新幹線の開通と函館経済

北海道新幹線の新青森—新函館北斗間１４９㎞が開業したことで、東京—新函館北斗が最速４時間２分で結ばれた。最も長い海底トンネルの**青函トンネル**を含む82㎞の区間は、在来線の貨物列車と同じ線路を使う。新幹線のレール幅は１４３５㎜（**標準軌**という）である一方、ＪＲの新幹線以外の鉄道（在来線）のレールの幅は１０６７㎜（**狭軌**という）なので、青函トンネル周辺の線路は狭軌の在来線と標準軌の新幹線が共用することになる。そのため青函トンネル内は、**三線軌条**というレールを３本並べる手法を採用している（次ページ図を参照）。

飛行機を使う場合、東京・羽田から函館までは1時間20分ほどであり、時間からみると、新幹線は飛行機にはかなわないが、乗車のしやすさ、ほかの鉄道との連絡の良さなどの強みが新幹線にはある。また、東北とのつながりで見れば、新函館北斗と仙台とは約2時間30分で結ばれるので、北海道では東北からの観光客を増やそうと熱心である。

三線軌条のしくみ

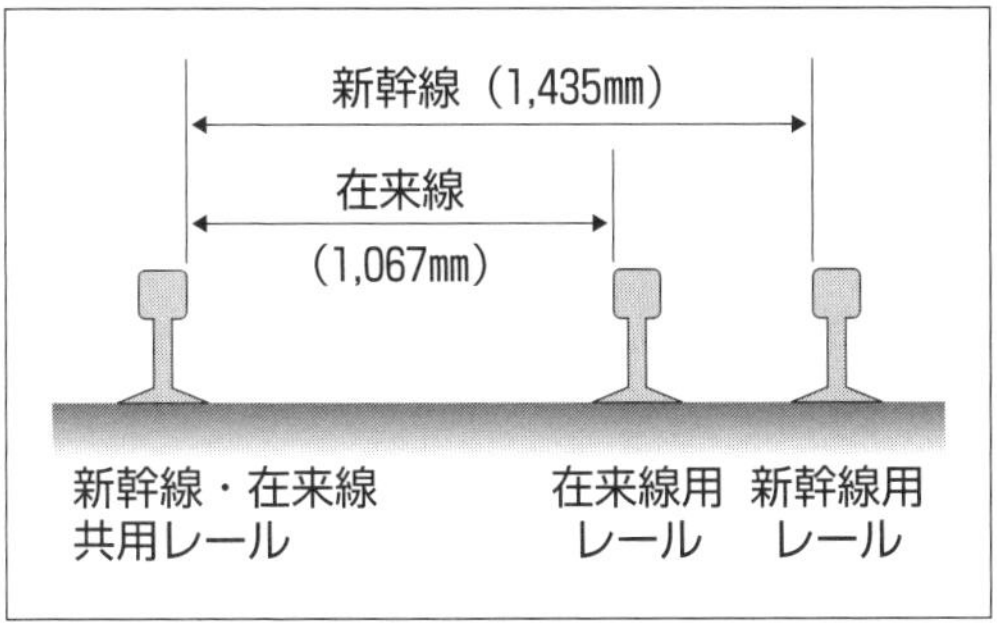

∷函館市の観光資源

函館市は、魅力的な観光資源の宝庫である。観光地を星つきで評価する、「ミシュラン・グリーンガイド・ジャポン」によれば、函館山からの眺望、五稜郭跡、元町の坂、旧函館区公会堂など、1つ星以上の観光資源が21カ所もある。

また、北海道は海産物などの食べ物や自然も人気で、最近は外国人観光客が増えている。新幹線の開業は、このような函館の観光都市の価値をより高める、格好の要素となっている。

∷新幹線と並行の在来線はどうなる

一方、新幹線の開業にあわせて、新幹線と並行するJRの在来線は、原則として**第三セクター鉄道**（国や自治体と民間企業との共同出資によって運営される鉄道会社）となるか、廃線となる。第三セクターとなると、ＪＲからは分離され、厳しい経営を強いられることが多い。

　新幹線とほぼ同じ区間を走るＪＲ江差線（五稜郭—木古内《きこない》）は、新幹線の開業日から地元の自治体などが資金を出す第三セクター**道南いさりび鉄道**に引き継がれた。

　この区間は、青函トンネルを利用して北海道の農作物を本州へ運ぶ貨物列車が走り、また、函館への通勤・通学客も多いため、廃線となるのではなく、第三セクターとして存続することが決まった。

　ただし、今後はこの路線を利用する人々も少なくなっていくことが予想されるため、運賃もＪＲ江差線時代と較べて１・３倍に値上げせざるを得なかった。それでも10年間で23億円の赤字が見込まれる。函館市内の高校などに通学する学生の中には、定期代が上がったため、３月までは通学で江差線を利用していたが、４月からは自転車通学に切り替えた人もいるという。

　また、本州にある青森県の第三セクター**青い森鉄道**（青森—目時《めとき》）も北海道新幹線開業の影響を受ける。青い森鉄道は、東北新幹線が盛岡以北の八戸まで延伸されたことに伴い、２００２年にＪＲ東北線の一部の経営を受け継いで誕生した。線路や駅を所有する青森県に支払う線路使用料の減免や国の財政支援で収支のバランスをとってきたが、ＪＲの寝台特急「北斗星」と「カシオペア」が、北海道新幹線の開業に合わせて廃止されたことにより、使用料が収入として入らなくなったため、

北海道新幹線とその沿線

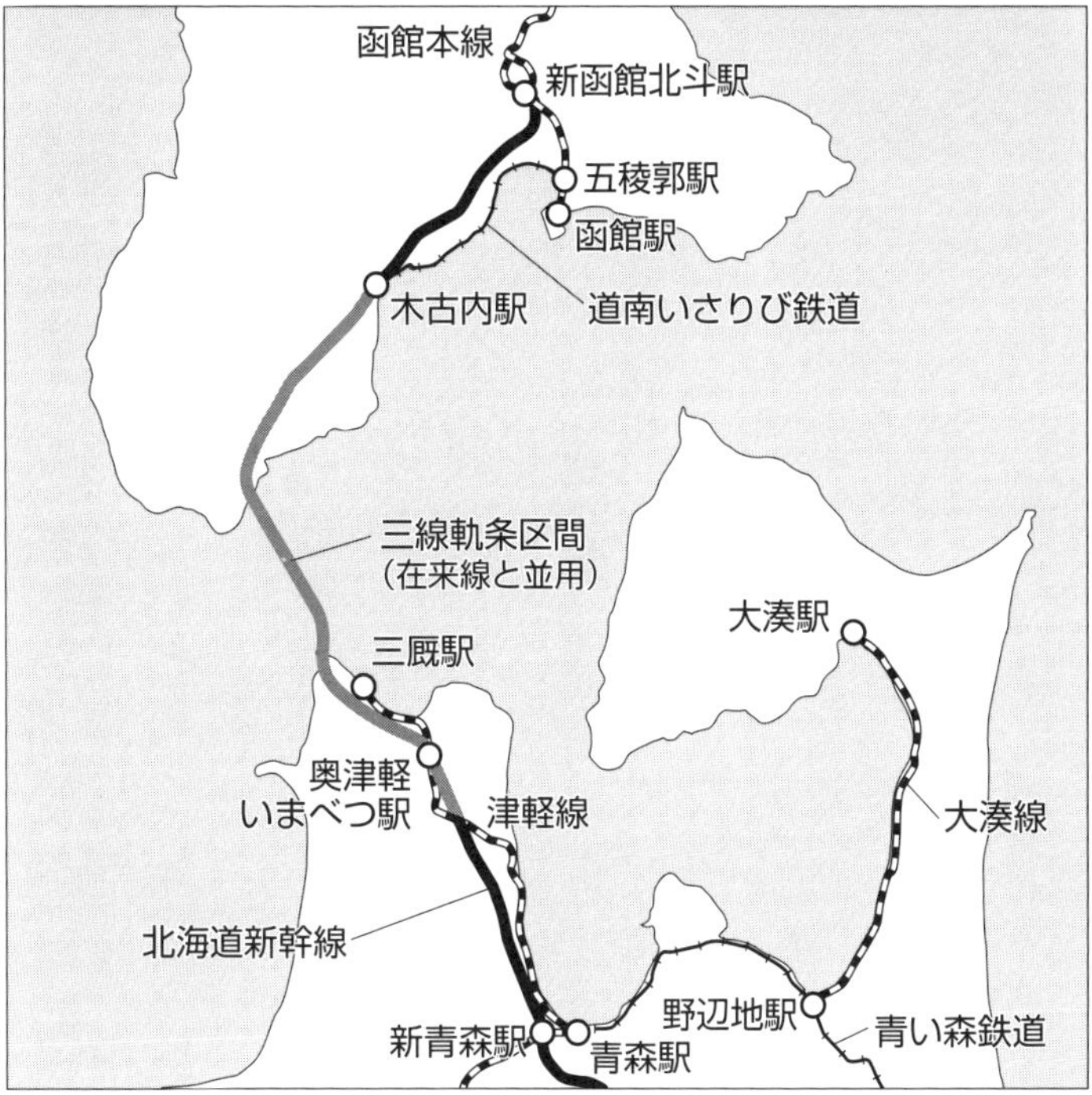

大幅な収入減となった。国からの支援があるため、当面は赤字転落は回避できそうだが、今後はどうなるのか、不透明なままである。

このように、新幹線の開業により特定の都市がスポットを浴びる一方、それに伴う在来線の第三セクター化などにより、沿線の人に大きな負担が発生してしまう面もある。

このような問題をどう乗り越えていくのかといった課題があることも忘れてはならない。

13 見直される路面電車の役割
——富山市と福井市のＬＲＴ活用の事例

１９６０～70年代に、乗用車に押されて少なくなった路面電車。いま、これをまちづくりに生かそうとする動きが広がっている。北陸の富山市・福井市の事例を取り上げて、その背景に触れてみよう。

∷富山市の路面電車とコンパクトなまちづくり

富山市で２００６年４月、富山湾岸の岩瀬浜とＪＲ富山駅北口の７・６㎞を結ぶ**ＬＲＴ**（62ページメモ参照）**富山ライトレール**が開業し注目された。

路線の大部分は、直前に廃止されたＪＲ富山港線の跡を利用している。便数は富山港線時代の３倍、停留所には上屋《うわや》、電光掲示案内装置を完備した。プラットホームは低く、バリアーフリーにしたのでベビーカーや高齢者でも問題なく利用できる。

利用者数はＪＲ時代に比べ、１・７倍に増えた。終点の岩瀬浜は江戸時代に日本海を行き来する北前船《きたまえぶね》の港町として栄え、北前船の廻船《かいせん》問屋など、関係する歴史的な観光資源が残されている。それらを取り込んで、路線全体をテーマパーク化した

富山市の路面電車

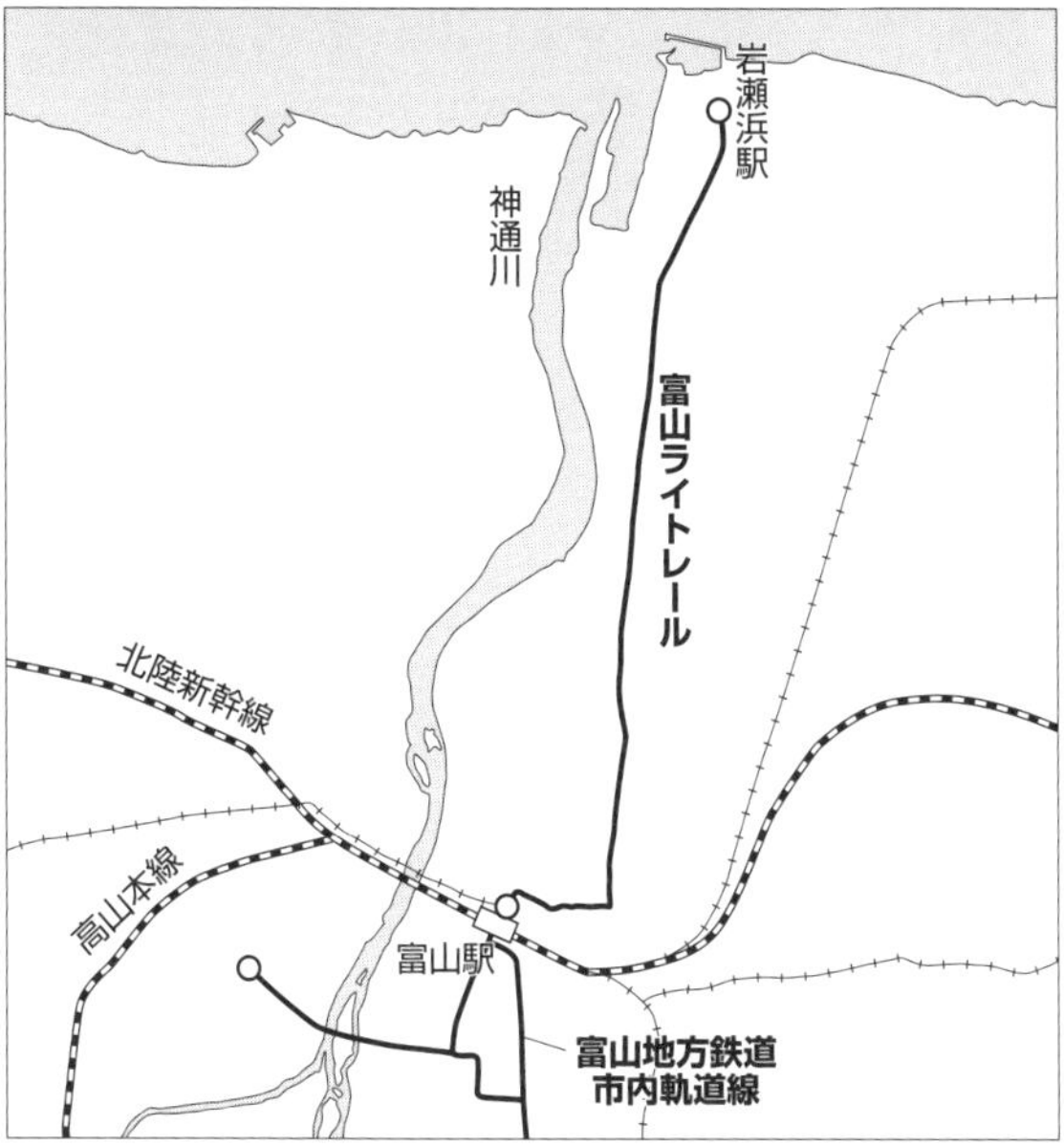

ことも利用者の増加につながっている。

富山市は地形が平らでマイカー利用率が高い。そのため、郊外に住宅が移転拡散し、大型商業施設が増加した。その影響で市の中心がさびれて、税収が減った。また、住宅地が拡散したため、冬の除雪支援などの経費もかさんだ。さらに、バスの便数が少なくなり、車の運転ができない人は不便になってしまった。

これらへの対策として富山市は、公共交通の利便性を高めて「コンパクト」な居住圏づくりを目指し、空洞化した中心域に居住者やにぎわいを取り戻そうとしている。富山ライトレールの事業化はその１つである。

また、市街地南部には以前からの路面電車、**富山地方鉄道市内軌道線**がある。同線では、富山ライトレールに続く中心部の活性化の手段として、２００９年に１９７３年以降消滅していた環状線を復活させた。さらに、ＪＲ富山駅の下に線路を通すことで、２０１８年

memo

LRT

ライトレールトランジット（Light rail transit）の略であり、「次世代型路面電車システム」と訳される。道路交通を補完するために、乗降しやすい低床式車両（LRV・Light rail vehicle）の使用や、軌道や停車場などの改良を行ない、身近な輸送システムとして注目されている。

には同線が富山ライトレールとつながる予定である。

鉄道の復権――福井モデルを目指して

福井市と越前市を結ぶ**福井鉄道福武線《ふくぶ》**は、福井市街を走る路面電車が鯖江、越前武生（越前市）へと通ずる鉄道線として一体的に運行されている。2005年、福井鉄道の財政赤字が問題となった。収入源の1つであった貸し切りバス事業が、規制緩和政策などの影響で顧客が減ってしまったからだった。県・沿線市による存続協議会は、鉄軌道や車両などの固定資本を自治体が所有し、交通事業者がこれを運営するという「上下分離方式」による再建案で支援することにした。

一方、福井市は公共交通の再構築による中心市街地の再生とコンパクトシティ化を打ち出した。路面電車をまちづくりに生かす考えを市民に提案し、連続フォーラムを開催した。また駅前で自家用車の通行を制限し、公共交通機関の利用を促すトランジットモール実験を行なった。そのうえで、2009年には、えちぜん鉄道（後述）三国芦原線と福井鉄道を相互直通運転する計画を発表し、LRT化に向けて車両とホームの更新を進めた。

2013年には、北陸で初めて3つの車体が幌でつながった三連接のLRV（LRT用の車両）が導入されている。2016年3月からは相互乗り入れが開始され、まちづくりモデルへの画期的な一歩が始まった。

福井鉄道福武線のLRV（愛称FUKURAM）は北陸初の三連接高性能車

∷鉄道を意識したまちづくり

マイカー普及率全国一の福井県であるが、このように鉄道の重要性を強く意識した県でもある。そうなったきっかけは、福井市と曹洞宗大本山の永平寺などを結ぶ京福電気鉄道越前本線が2000年と01年に相次いで起こした衝突事故だった。2回目の事故以降、即日運行停止を命じられた京福電気鉄道は同線の事業から撤退した。

しかし代行バスでは輸送力が小さく、これに道路渋滞が重なり高校生の遅刻などが急増した。疲労に耐えかね通院をあきらめる高齢者や、職場の近くに引っ越す通勤者も現れだした。鉄道の存在意義を再認識させられたこの事件は「マイナスの社会実験」ともいわれた。

そのような中、「鉄道を復活してほしい」という声が起こった。そこで自治体である県や市と、民間資本、市民の出資からなる**えちぜん鉄道**が京福電鉄線を引き継いだ。えちぜん鉄道は、車内アナウンスや高齢者の乗降時のサポートなどを行なうアテンダントを置くなどのアイデアで、V字回復した。

14 ローカル鉄道の立て直し
――新たな取り組みが話題となることも

ローカル鉄道は、地域住民の通学・通勤などの足として、重要な役割を担っている。しかし、ローカル鉄道を取り巻く環境は少子高齢化や、モータリゼーション（自動車の大衆化）の進展に伴なって、厳しい状態が続いている。そんな中で、お客を増やし、収入を増やす努力がなされている。

∷銚子電鉄と町おこし

銚子電鉄は、千葉県銚子市内の銚子駅と外川《とかわ》駅を結ぶ、全長６・４㎞のローカル鉄道である。２００６年11月、銚子電鉄は、車両の検査費用を捻出することができなくなったため、存続の危機に直面した。

そんなとき、社員がホームページに、電車運行維持のために「ぬれ煎餅《せんべい》」を買ってください、という書き込みをし、このメッセージが事態を変えることになった。銚子電鉄は以前から副業としてぬれ煎餅を販売していたのだが、書き込みがネット掲示板やブログなどで話題となって全国から注文が殺到した。

銚子電鉄の外川駅

そのため、検査費をまかなうことができ、いまでは、ぬれ煎餅の販売で鉄道収入の約4倍、年間3億円超を稼いでいる。しかし、なお赤字が続いている状態である。

2014年1月には、銚子電鉄の2両編成の電車が脱線し、車輪が破損し台車がゆがんだ。そのための修理費として約1000万円が必要になった。その際には、地元の銚子商業高校の生徒たちが、銚子電鉄を応援するプロジェクトを結成し、インターネットで資金を募る**クラウドファンディング**という手法によって、484万円の修理費を集めた。

そんな銚子電鉄が、運行を維持するためにとった次の手が、企業などへの**ネーミングライツ**（命名権）の販売である。現在の駅名に加えて、駅舎やホームの看板、車内アナウンスなどに愛称が追加される。全10駅のうち、銚子駅をのぞき、9駅を対象に2015年5月から募集をはじめ、16年2月に完売した。たとえば、本銚子《もとちょうし》駅には「ヒゲタ400年玄蕃《げんば》の里」（ヒゲタ醤油株式会社が命名）という愛称がつけられるなど、9駅の総額は年間1160万円になった。

愛称の中には、笠上黒生《かさがみくろはえ》駅につけられた「髪毛黒生《かみのけくろはえ》」というような、ユニークなものもある。これは、頭皮ケア用品を発売している株式会社メソケアプラスによって命名された。また、終点の外川駅は「ありがとう」（早稲田ハウス株式会社が命名）に決まった。

∷三陸鉄道の復興

三陸沿岸では、物資や人の運送を目的として、地域全体を結ぶ路線の敷設が戦前から行なわれていた。しかし、全線開通を目前にした1980年に国鉄の財務悪化により凍結が決まる。そこで、岩手県と沿線市町村が中心となって凍結された路線に鉄道を走らせるために設立されたのが、第三セクター三陸鉄道株式会社である。

三陸鉄道は1984年4月1日に開業し、宮古—久慈の北リアス線、釜石—盛の南リアス線の2線から成る。当初は業績も順調で、開業1年で280万人ほどの乗客を運び、約2500万円の黒字を出した。その後、1993年までは黒字であったが、翌年赤字に転落し、以降毎年赤字が続いている。

そんな状況の中で、2011年3月11日、東日本大震災が襲った。地震の後には大津波が押し寄せ、線路が流され、多くの駅が消失した。震災2日後の夜、三陸鉄

三陸鉄道

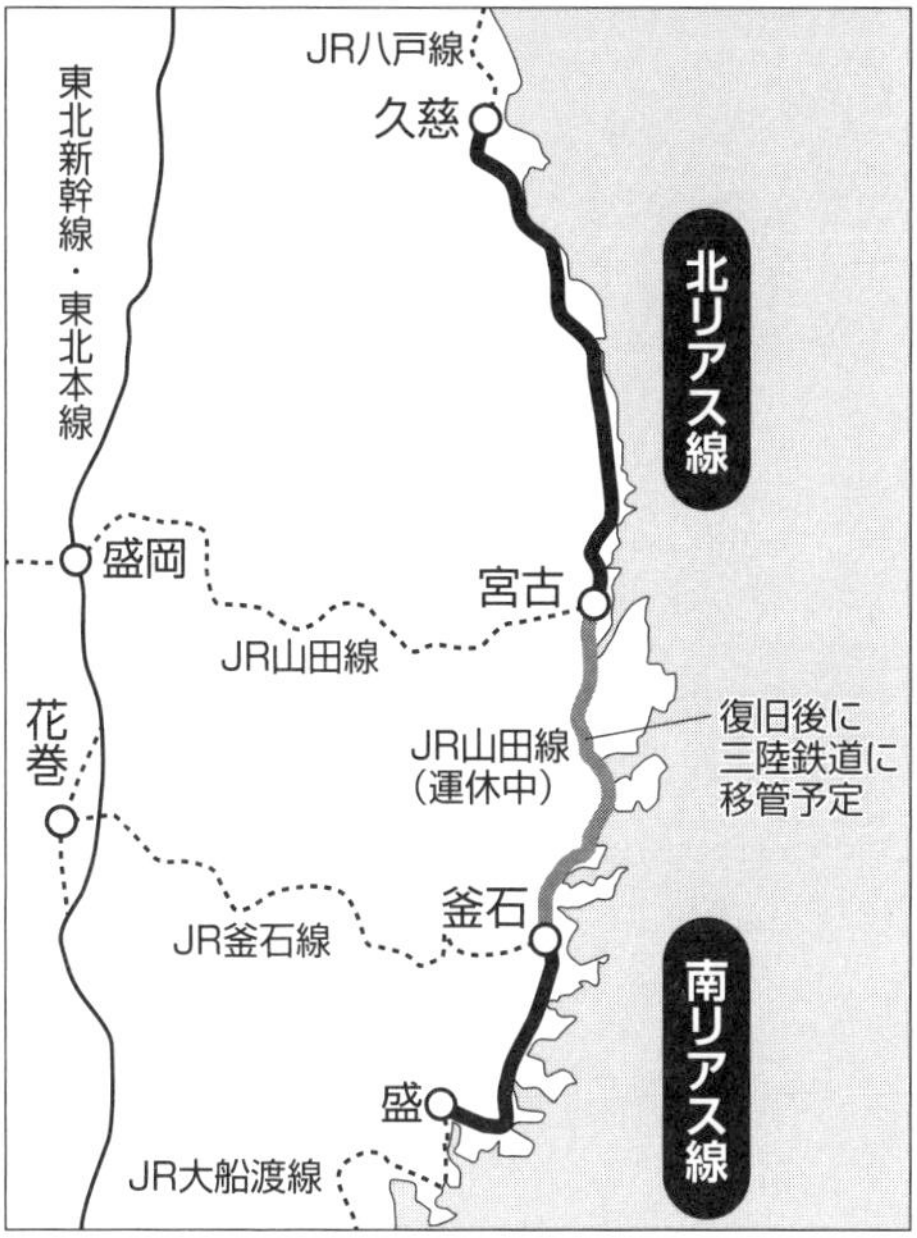

道の社長は「順番に復旧させる。動かせるところから動かそう」と指示を出した。3年で復活させる計画を立て、①全線で復旧する、②被災状況に合わせ順次延伸していく、③ルートは変えない、の3点で沿線市町村から内諾をとった。

震災から5日後の3月16日には北リアス線の久慈～陸中野田間で、9日後の20日には宮古～田老《たろう》間で運転を再開した。そして2014年4月、3年ぶりに全線開通した。

2013年4月から半年間、三陸鉄道をモデルとしたNHK連続テレビ小説「あまちゃん」が放映され、その影響で観光客が大幅に増え、三陸鉄道の知名度は上がった。

しかし、三陸鉄道の財務体質は改善しておらず、依然として厳しい状況であることには変わりない。今後は、JR山田線の一部区間の移管も予定されている中（地図参照）、新駅の設置や外国人観光客の誘致などで巻き返しを図る考えだ。

第4章

「食」の地理

15

日本の食料自給率は何％？

――算出の仕方で、数値が大きく異なってくる

２０１６年８月、農林水産省は、２０１５年度の**食料自給率**がカロリーベースで39％であったと発表したが、これはどのようにして出されたものなのだろうか？

日本の食料供給の現状について考えてみよう。

∷海外と較べた食料自給率

左ページの図表は、２０１１年の世界と日本の農産物の**品目別自給率**の状況を一覧にしたもので、東京大学の入試問題としても出題された。

アメリカ合衆国は、米、小麦、砂糖類、肉類の自給率が１００％を超えている。タイは、砂糖類、いも類の自給率が圧倒的に高い数値を示している一方で、小麦が０％となっていることが特徴的である。中国は、各農産物が輸入に頼らずにほぼ自給可能となっている。

これに対して日本は、諸外国と較べ品目別自給率が低い水準にあることが浮き彫りになっている。

主要農産物の品目別自給率の比較

国	米	小麦	砂糖類	いも類	野菜類	果実類	肉類
アメリカ	190	171	101	93	91	75	116
タイ	180	0	372	378	105	155	127
中国	100	95	95	90	102	102	99
トルコ	79	122	112	100	106	132	106
メキシコ	15	57	86	77	177	118	81
日本	96	11	26	75	79	38	54

※2016年東京大学入試問題を基に作成
2011年、単位%、重量ベース、国内生産量を国内向け供給量で除した値
国内向け供給量＝国内生産＋輸入－輸出±在庫
数値はＦＡＯ資料による

∷食料自給率の計算方法

これら品目別の食料自給率のデータは、表の下の注にあるとおり、**重量ベース**で算出されている。

一方、食品全体における自給率（**総合食料自給率**）には、**カロリーベース**で計る数値と、国内で生産された食料の金額に基づく**生産額ベース**で計る数値の2つがあることは意外と知られていない。カロリーベースの食料自給率は、国産食料の供給カロリーを国内総供給カロリーで割ることによって求められる。

ただし、牛肉や豚肉、卵などの畜産物は、家畜に与えられる国産飼料の割合である飼料自給率を考慮に入れて算出されている。国産の飼料で育った家畜のみが自給率の対象となるので、輸入飼料を与えられた家畜は、この自給率には含まれないことになる。

またヘルシーブームで注目される野菜のカロリーは低いため、国産の割合が高くてもカロリーベースの総合食料自給率にはほとんど反映されていない。

日本の農業は、戦後の食生活の変化に対応して、米や小麦などの穀物生産から野菜や果実生産へとシフトしていった結果、カロリーベースの総合食料自給率が低下していった。

では、生産額ベースの自給率はどうなっているのだろうか。これは、食料の国内生産額を国内消費仕向額（国内で消費することを目的として生産・輸入した農作物の金額）で割ることによって求められる。このように計算すると、生産額ベースの自給率は、66％（2015年度）である。

このように統計データは、何を指標にして求めたかを正確に見極めることが重要である。

∷日本の農業のゆくえ～「六次産業化」とは何か？

2010年に「六次産業化・地産地消法」と呼ばれる法律が公布された。

六次産業とは、農業や漁業などの第一次産業が、食品の加工（第二次産業）や流通・販売（第三次産業）にも携わる経営形態を指す。

農家や酪農家が、本業を営む一方で、地産地消のレストランを経営したり、スイーツなどの販売に乗り出すのは、その一例である。国は、六次産業化・地産地消法に基づく事業計画の認定を行なっており、2016年9月の段階での都道府県別の認定件数の上位は、北海道（125件）、兵庫県（99件）、長野県（91件）となっている。農家は生産のみに特化するのではなく、自らの手で付加価値を生み出して、加工や販売などの事業展開を視野に入れる時代を迎えている。

16 食品などの地域ブランド確立の試み

——知的財産として世界での認知を目指す！

２０１５年12月、農林水産省は、国内の７つの品目を**「地理的表示保護制度」**（**GI**…Geographical Indication）に登録した。この制度は今日進行するグローバル化のもとで推進されてきた自由貿易体制とも関係している。

∷地域ブランドとしての「地理的表示保護制度」

「○○うどん」の○○にあてはまる地名を答えてください、と質問されたら、読者の皆さんはどんな地名を思い浮かべるだろうか。「うどん県」としてのアピールで知られる香川県の讃岐うどんを答える人がいる一方で、稲庭うどん（秋田県）、水沢うどん（群馬県）などをイメージする人もいるだろう。これらは、各地域を代表するブランドとして広く知られている。

２０１４年６月、「特定農林水産物等の名称の保護に関する法律」（地理的表示法）が成立した。「地域で育まれた伝統と特性を有する農林水産物・食品のうち、品質等の特性が産地と結びついており、その結びつきを特定できるような名称（地

地理的表示として初めて登録された産品

登録番号	名称	生産地	登録日
1	あおもりカシス	東青地域（青森県青森市、青森県東津軽郡平内町、青森県東津軽郡今別町、青森県東津軽郡蓬田村、青森県東津軽郡外ヶ浜町）	2015年12月22日
2	但馬牛	兵庫県内	
3	神戸ビーフ	兵庫県内	
4	夕張メロン	北海道夕張市	
5	八女伝統本玉露	福岡県内	
6	江戸崎かぼちゃ	茨城県稲敷市及び牛久市桂町	
7	鹿児島の壺造り黒酢	鹿児島県霧島市福山町及び隼人町	

※農林水産省ホームページを基に作成

理的表示）が付されているものについて、その地理的表示を知的財産として登録し、保護する」ことがその目的である。

農林水産省は、2015年6月に登録の受けつけを開始し、50件ほど申請された品目のうち、「夕張メロン」「あおもりカシス」「江戸崎かぼちゃ」「神戸ビーフ」「但馬牛」「八女伝統本玉露」「鹿児島の壺造り黒酢」の7品目を「地理的表示保護制度」に登録した。2016年10月12日時点では、21品目にまで増えている。

登録産品は、GIマークをつけて販売することができる。政府による地域ブランドの認定により、ブランドの付加価値が高まる一方で、生産者には、品質を維持し、さらにそれを向上させていく努力が求められる。

∷食文化の画一化に警鐘を鳴らす

地理的表示保護制度は、ヨーロッパの**原産地呼**

称という考え方に基づくものである。

これは、広大な農地で低コストの農産物を大量に生産するという画一的な生産方式とは異なり、地域の伝統的な食材や食文化（**スローフード**）を維持していこうという考え方によるものである。

グローバル化の進展により、ハンバーガーに代表される**ファストフード**は世界中どこでも同じ味を提供できるようになったが、そのような食文化の画一化に警鐘を鳴らし、食の多様性を維持するために原産地呼称が注目された。

ＥＵ（ヨーロッパ連合）の提案により、１９９４年に「知的所有権の貿易関連の側面に関する協定」（ＴＲＩＰＳ協定）が成立し、地理的表示は１３０カ国以上で認められた知的財産権となった。

そこから遅れることおよそ20年、日本でも地理的表示保護制度の運用がスタートしたのである。

∷自由貿易の限界と地理的表示保護制度

ＷＴＯ（世界貿易機関）は、約１５０カ国が参加する自由貿易の推進を目的とした国連の機関であり、１９９５年に設立された。しかし、グローバル経済のしくみのもとで自由貿易を推進しようとして、関税や輸入制限などの撤廃をすることは、利益だけがあるわけではない。

特に海外の輸入作物がいままで以上に日本に入ってくれば、日本の農業への影響は極めて大きい。

日本の地域ブランドが海外でも認知され、保護されることで、特色ある日本の第一次産業がグローバル化に対する対抗軸を打ち出すことができる。

日本の多様な食文化を世界に発信していくうえで、地理的表示保護制度が果たす役割は大きいといえよう。

17 日本の稲作
——差別化を図るため、品種の多様化が進んでいる

2015年の米の作付面積は、151万ヘクタール、収穫量は799万トンであった。2000年と較べると、作付面積は15%減、収穫量も18%減となっている。

∷国内の消費の低迷とこれから

戦後、日本国内の米の消費量は1962年の1人当たり年間118kgをピークに、2015年には56kgと半分以下に減少した。

いくつかの原因が考えられるが、主なものは食生活の多様化や嗜好の変化、パンなど調理時間のかからないものへの移行であろう。これまで国は、消費量の低迷に対し、農家に作付面積の削減を要求する主食用米生産調整（**減反政策**）を行なってきた。しかし、2018年からは減反政策を廃止し、減反参加農家へ支給してきた補助金もやめ、農家の自立を促す予定である。

一方、輸入米に関しては、高い関税率を課している。ただし、国が義務的に輸入する**ミニマムアクセス**（アメリカ合衆国・タイ・オーストラリアなどから年間約80

米の都道府県別収穫量

		収穫量（トン）
	全国	7,989,000
1	新潟	619,200
2	北海道	602,600
3	秋田	522,400
	⋮	⋮
45	神奈川	15,200
46	沖縄	2,270
47	東京	632

		10アール当たり収穫量（キログラム）
	全国	531
1	青森	616
2	山形	614
3	長野	604

万トン弱）という制度がある。２０１６年２月に署名された**ＴＰＰ**（環太平洋戦略的経済連携協定）が正式に発効すれば、さらにアメリカ合衆国・オーストラリアから合わせて年間７万８４００トンの輸入枠が新たに設定される。

輸入が増える分、国産の米の価格が下落する可能性があるため、国は**備蓄米**として買い入れる米の量を増やすことで影響を抑えることを検討している。しかし、輸入米が国内市場に流れることは避けられないだろう。

∷日本の米の生産地

米の生産というと主に東北地方で作られているイメージがある。２０１５年度の米の都道府県別収穫量（右表）を見てみると、確かに収穫量の上位３道県は新潟県、北海道、秋田県である。ただし、北海道は収穫量は多いが土地自体が広いので、土地に占める水田の割合は決して高いわけではない。

10アール当たりの収穫量の上位は、収穫量とは変わって青森県、山形県、長野県

米の収穫量と消費量の差

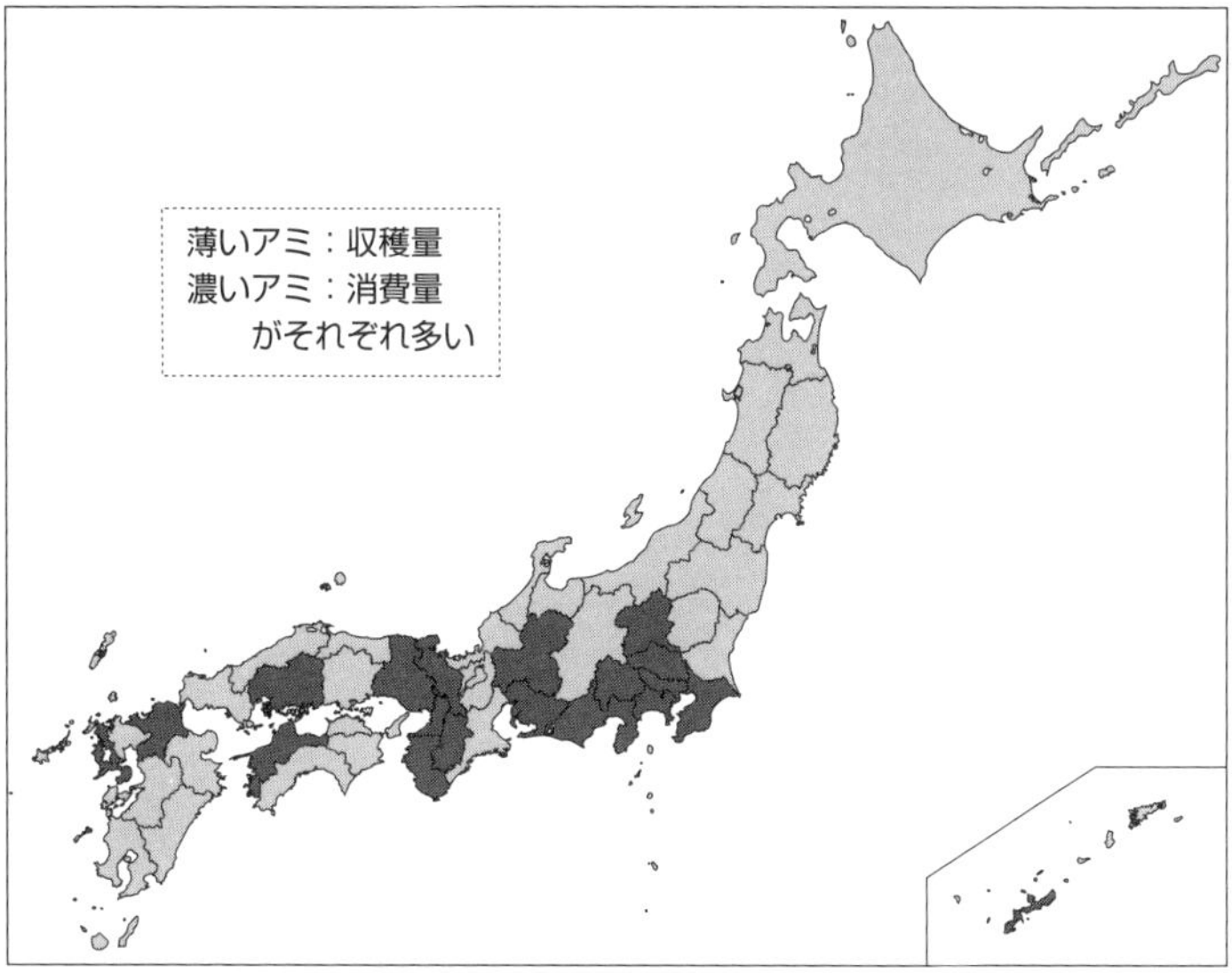

となる。作付面積が広くなくても、収穫量を上げるために品種改良を行ない稲作技術の向上を図ったことによるところが大きいとみられる。

さらに都道府県ごとに収穫量と1人当たりの消費量の差を見てみよう（上図）。なお、ここでは、1年間に1人当たりが食べる米の量を60kgとして算出している。

人口が多く、消費量が収穫量を上回るところは、他地域から来る米を食べていることになる。薄い網掛けの地域は収穫量のほうが多く、濃いアミ掛けの地域は消費量のほうが多い都道府県である。

消費量のほうが多い地域は、東京都から愛知県までの太平洋側、近畿地方など、人口が多いところが中心である。全国の収穫量から消費量を引くと、約1400万人分の余剰が出る。

∷差別化を図るコメ市場

現在、**ブランド米（銘柄米）**は、全国で300

種以上作られている。2015年産で多い順に見ていくと、1位のコシヒカリが36・1%で抜きん出ており、2位ひとめぼれ（9・7%）、3位ヒノヒカリ（9・0%）、4位あきたこまち（7・2%）、5位ななつぼし（3・4%）と続く（米穀機構ホームページより）。

これまでは新品種開発後に農林水産大臣に出願し、品種登録することでブランド米となっていた。しかし、近年では商標登録したものもブランド米として流通している。「コシヒカリ」「ひとめぼれ」などは前者、「あきたこまち」「パールライス」などは後者である。

近年は「コシヒカリ」一辺倒から多様化が進んでおり、「とちぎの星」「秋の詩」など、新興のブランドが次々と出てきている。

18

日本の野菜と果実

——消費者のニーズに応えるための現場の工夫

野菜と果実の違いについて、農林水産省では、野菜は「1年生と多年生の草本になる実」、果実は「永年性の樹木になる実」とする。八百屋やスーパーではメロンやイチゴは果実として扱っているが、農林水産省の統計では「流通面」から果実的野菜と扱われている。

■野菜の産地

出荷量が多い野菜を見てみると、**ジャガイモ**（2014年は246万トン、いも類に分類される場合もある）、**キャベツ**（148万トン）、**大根**（145万トン）、**玉ねぎ**（117万トン）などが挙げられる。

北海道はジャガイモの生産が全国の8割、玉ねぎも6割近くを占めている。大根も大消費地に遠い、北海道や青森、鹿児島や、宮崎県が主な産地である。

夏キャベツは群馬県や長野県の浅間山麓、八ケ岳山麓から保冷トラックで首都圏に運ばれる。冬から春のキャベツは愛知県渥美半島や千葉県銚子市などの暖地が供

給地である。このような野菜は、トラックやコンテナ船を使って大量生産・大量輸送することで輸送コストを下げている。

また、首都圏の周辺では、消費者の鮮度に対するニーズに応えるために野菜作りがさかんになった場所がある。練馬大根（東京都練馬区）、三浦大根（神奈川県三浦市）、深谷ねぎ（埼玉県深谷市）、矢切ねぎ（千葉県松戸市）、小かぶ（千葉県柏市）などである。

ホウレンソウなどの葉物野菜の主要な産地は、従来は首都圏に近い千葉・埼玉・茨城県であったが、保存技術や保冷トラックなど輸送システムの発達に伴い、遠距離地にも産地が広がっていった。

∷ハウス栽培の新技術

ナスは通常、7～9月の夏季に収穫されるが、ハウス栽培により、現在では1年中出まわるようになった。高知県と熊本県は、毎年生産量1・2位の生産県である。高知平野にはビニールハウスが広がり、トラックやコンテナ船で、近畿地方や首都圏にナスを出荷している。

ナスのハウス農業は1950年代に始まった。農家の悩みは、ナスが結実するために冬季にハウス内を15℃以上に保つための燃料代であった。しかし、技術の進歩により、**オーキシン**という実を大きくするホルモンをナスの花に吹きつけると、10

リンゴの生産カレンダー

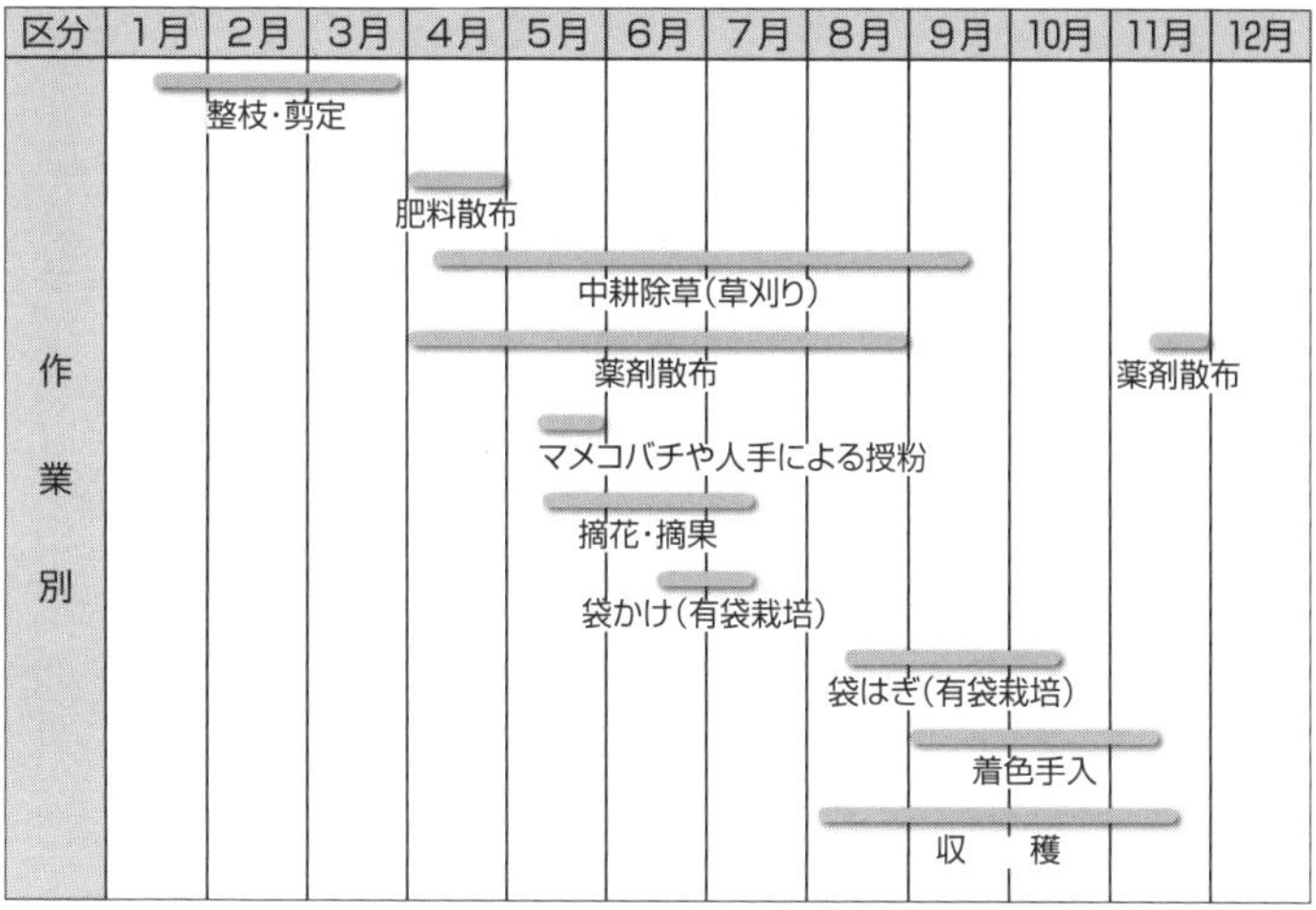

※青森県りんご果樹課ホームページを基に作成

℃以上であれば結実するようになった。

だが、花の1つひとつにオーキシンを吹きつける作業は、農家にとって時間がかかり、負担となっていた。それに代わって開発されたのが、「あのみのり2号」という、受粉しなくとも実が自動的に太る品種である。このように、栽培の技術は日々進歩している。

∷青森県がリンゴの産地になった理由

果実の生産量は、1位が**ミカン**、2位は**リンゴ**である。しかし近年は、輸入の自由化などの影響によって、果実の生産量も低下する傾向にある。

青森県は日本一のリンゴ生産県で、毎年、全国の生産量の55％前後を占める。明治初期にアメリカ人宣教師ジョン・イングが、故郷のインディアナ州から十数本の苗木を弘前にもたらしたことに始まるという。生産が軌道にのった1891年には、上野―青森間の鉄道（東北本線）が開通し、東京市場に直結することになった。

memo

ミカンとリンゴの生産量

2014年のミカンの生産量は87.5万トン、リンゴは81.6万トンであった。果実の生産量は減少傾向が続いているが、特にミカンの落ち込みは大きく、2000年と比べると、23.5%減少している。

リンゴ栽培の実際

青森県のリンゴの栽培の中心は弘前市、黒石市、五所川原市など、津軽地方と呼ばれる地域である。農家は1、2月、雪中で無駄な枝を切り落とし、陽あたり確保のための剪定《せんてい》作業を始める。5月初めに花が咲くと摘花をする。リンゴは1つの花むらに5～6輪かたまって咲く。中心の元気な蕾1つを残し、摘んだ蕾からは花粉をとる。花粉は人工授粉用にする。

授粉は、人による手作業のほか、**マメコバチ**というハチに花粉をつけて放す方法もある。そのほか、果実を間引く摘果作業、肥料の追加なども行なう。

病虫害を防ぐため、収穫までに10回以上農薬を散布し、また色づきを良くするための「葉摘み」や実の方向を変える「玉まわし」などの作業もある。

青森におけるリンゴの収穫は、8月頃から早生品種の「つがる」に始まり、11月頃からは収穫量の多い「ふじ」が出荷される。農家はふじを中心に、つがる、王林、ジョナゴールドなど、複数の品種を栽培している。農作業の分散や、台風や気温による収穫被害の軽減、収入安定などのためである。

19 日本の畜産業と酪農業

——食生活の変化にどう対応してきたか？

日本人の食生活は、この50年あまりで大きく変化している。日本人は従来魚を好んで食べてきたが、食の欧米化が進むにつれて肉や卵、乳製品を多く消費するようになった。

２０１１年の１人１日の魚と肉の消費量は、魚１３５グラムに対し肉は１２５グラムである。２０１３年の国産食肉の生産量は、牛肉が50万トン、豚肉が１２６万トン、鶏肉が１９４万トンであった（次ページ表を参照）。

∷牛の飼育

牛の肥育は、生後８～９カ月の**素牛**《もとうし》を仕入れ、主に配合飼料で約20カ月肥育し、６５０～７５０kg前後に育てて出荷する。肉用牛となる和牛の種類は、黒毛和種、褐色和種、無角和種、日本短角種と分かれているほか、乳専用種のホルスタイン種や交雑種も食用となる。

肥育では、前半は骨や筋肉を発達させるために牧草やわらなどを与える。中期に

食肉生産量の推移

	1980年	1990年	2000年	2010年	2013年	2014年
牛肉(千t)	419	549	530	515	508	502
豚肉(千t)	1,475	1,555	1,271	1,292	1,309	1,264
肉用若鶏(千t)	1,419	1,812	1,551	1,835	1,905	1,946

※『日本国勢図会2016/17』を基に作成

は脂肪を貯めるために大麦などを加え、後期は霜降り状に脂肪を作るために大麦の割合をより多くする。

また、酪農に関しては、**ホルスタイン種**が、日本の乳牛の99%を占めている。ホルスタインは体格が大型で、乳量が多い。２０１３年現在、全国で１４２万頭の乳牛が飼われている。

酪農家１戸当たりの飼育頭数は、１９６５年には平均３・４頭だったのが、90年代に数百頭、数千頭を飼養する**「メガファーム」**と呼ばれる経営形態が登場し、２０１３年には平均の飼育頭数が73・４頭と飛躍的に増えた。

飼養技術も向上し、乳牛の改良も進み、乳牛１頭当たりの乳量も増加した。１９６５年と較べると、２０１３年には２倍近く増え８１９８kgになった。

∷豚の飼育

豚の代表的な純粋種には、ヨークシャー、バークシャーなどがあるが、肉用豚の90%以上はこれらの純粋種を交配して作った交雑種である。そのため、牛と違って豚は純粋種が少ない。これは、交雑種の子豚の成育能力が両親の平均能力を上回る現象（**雑種強勢効果**という）を活用して生産されるためである。

豚は生後約３週間は母豚に育てられるが、生後10日目くらいになると人工乳も与えられ、やがて飼料によって肥育される。子豚は生後６カ月齢で１００kg程度に仕上げられる。

日本の養豚経営戸数は、1960年には80万戸あったが、2016年には5000戸以下と激減している。母豚の飼育数が数頭の、小規模養豚が減少したことが主な要因である。

現在は、法人経営の母豚数百～千頭規模の養豚場と、母豚80～150頭規模の家族労働力を主体とした経営が主流である。

∷鶏の飼育

鶏肉は、短期間に急速に成長する品種である**ブロイラー**が主流である。ブロイラーは、小型のものでは約7週間飼育され体重2kg前後で、大型のものだと8週間ほどで2・5kg前後に飼育されて出荷される。ブロイラーは出荷するまでに体重の約2倍の飼料が必要であるが、それは肉豚の3倍、肉牛の8倍に較べると少量である。

最近では在来種や在来種を改良した、いわゆる**地鶏**もあり、代表的な食用鶏の品種は白色コーニッシュ、白色プリマスロック、コーチン、ライトサセックスなどである。また、ブロイラーでも、飼育期間や飼料などを独自に工夫し、農場名や地域名をつけて販売しているものがある。

また、採卵鶏は2014年はおよそ1億3000万羽いる。年間の採卵量は約250万トンで、1990年以来、生産量は横ばいになっている。この量は、日本人

memo

食肉の主産地

肉牛の都道府県別の主産地は北海道（20%・2015年）がトップで、鹿児島・宮崎・熊本・岩手と続く。豚はトップが鹿児島（14%）、以下、宮崎・千葉・北海道・群馬となっている。鶏では、ブロイラーの主産地は宮崎（21%）、以下は鹿児島・岩手・青森・北海道である。

が毎日1個以上の鶏卵を食べていることになる。

なお、産卵鶏はアメリカ合衆国の巨大種鶏場からヒナを空輸している。採卵鶏の年間の産卵数は３６０卵が基準で、大体年間３００卵を切ると、食肉用としてハンバーガーやドッグフードなどの素材になる。

∷これからの食肉

もともと、国産の食肉の価格は外国産より高い状況であるが、２０１６年２月には、畜産物の関税撤廃や削減などが盛り込まれているＴＰＰが署名された。もし、ＴＰＰが正式に発効すれば、国産牛肉や豚肉については、大幅に生産量が落ちることも予想されている。

また、肉のほかに牛乳や乳製品についても、生産量の低下が懸念されている。国内の畜産や酪農家が受ける打撃、ひいては食の安全保障に対してどう対応していくのか、考えていく必要がある。

20 日本の水産業
——水産王国から輸入大国へ

日本の水産業の世界に占める地位は、２０１４年は世界7位であった。かつて日本は、１９７２年から87年までの16年間、世界1位だった。なぜ、低下したのだろうか。

∷水産王国の陰り——生産量の減少と遠洋漁業の衰退

日本の漁業・養殖業生産量は、１９６０年代半ばから**遠洋漁業**（世界各地の海で長期間漁業を行なう漁業）と**沖合漁業**（日本近海の、2～３日で帰れる範囲で行なう漁業）を中心に順調に発展し、１９８４年には、生産量が１２８２万トンとピークを迎えた。

しかし、１９９０年代に入ると、生産量は急激に減少する。２０１４年の生産量は、わずか４７９万トンで、ピーク時の3分の1程度にまで落ち込んだ。

原因の1つは、食卓に広く流通していた**マイワシ**と**スケトウダラ**の減少である。ピーク時には、マイワシは４００万トン台、スケトウダラは３００万トン台の生産量を誇っていたが、２０１４年には、どちらも20万トン程度である。

漁業部門別に見ると、遠洋漁業の衰退が著しい。１９７２年に４００万トンほどの生産があった遠洋漁業は、２０１４年は37万トンと約10分の１に減少し、漁業・養殖業生産量の７・７％を占めるに過ぎない。これは、１９７０年代に、各国が自国の海岸線から２００海里（約３７０㎞）以内には外国船が勝手に入って漁をしてはいけないという、**２００海里水域**を設定したことが大きな影響を与えたためである。日本の遠洋漁船は、外国の２００海里から締め出されたのである。

その後、公海域における**カツオ・マグロ漁業**などが遠洋漁業の主体となったが、次第に、マグロ漁における外国船の進出が影響を及ぼしてきた。また、マグロ資源の管理規制が厳しくなり、日本の遠洋マグロ漁船の減船も余儀なくされた。さらに、管理規制に従わない**ＩＵＵ船**（92ページメモ参照）の増加もあり、競合激化による経営悪化のために撤退する船も出てきた。

∷世界の生産量における日本の地位

ＦＡＯ（国連食糧農業機関）の統計によると、２０１３年の漁業・養殖業生産量は、世界全体では１億９１０９万トンであった。

国別では、１位は中国で７３６７万トンで、世界の39％を占めた。日本は７位で、世界の２・５％を占めるに過ぎない。前述したように、かつての日本は、１９７２

日本の漁業別の漁獲量の推移

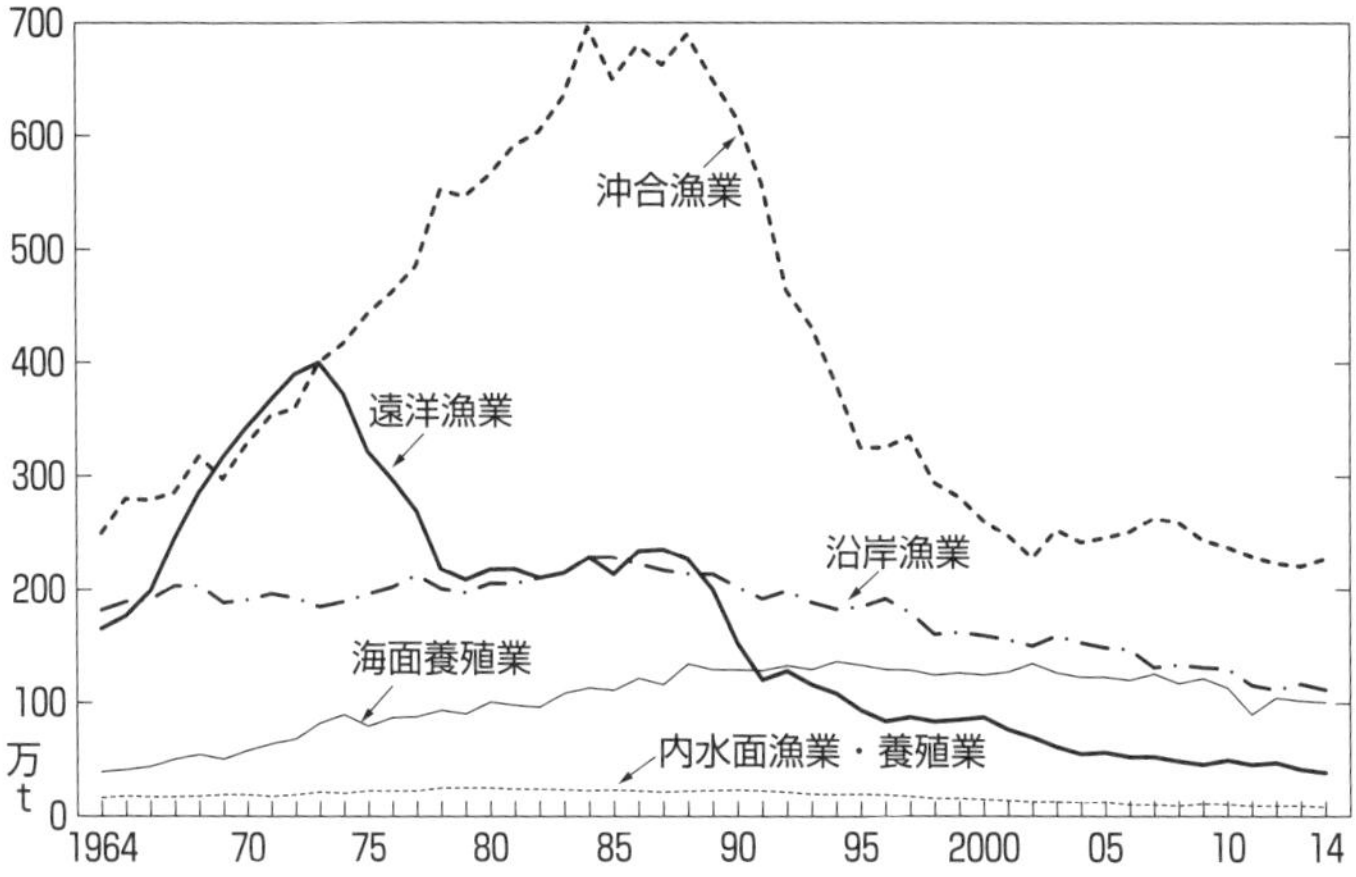

※『日本国勢図会2016/17』を基に作成

年から87年まで16年間、世界一の座を占めていた。しかし、88年に中国に抜かれ2位に、93年にはペルーに抜かれ3位に、２００４年にはインドとインドネシアに抜かれて6位になった。さらに13年には、アメリカ合衆国にも抜かれた。

世界の水産物消費量は年々増加している。１９６１年の食用魚介類の１人当たり消費量は９・０kgであったが、50年後の２０１１年では18・９kgに倍増している。

先進国を始めとして寿司・刺身がブームになっているほか、アジア、アフリカ、ラテンアメリカの地域でも、水産物の流通システムの整備により、水産物消費量が増加している。

∷日本は水産物輸入大国に

途上国では、自国の２００海里で獲れた魚介類を輸出にまわし、外貨を獲得するようになった。それを輸入するのが日本である。現在、日本における食用魚介類の自給率は60％に過ぎない。

memo

ＩＵＵ船

ＩＵＵは、Illegal（違法）、Unreported（無報告）、Unregulated（無視）の略。資源管理の国際条約に加盟しない、無法な漁船の総称である。

たこ焼きの**タコ**は、モロッコやモーリタニアといったアフリカ諸国から輸入している。高級**クロマグロ**は、スペインなどの地中海諸国から、クロマグロの次に高級なミナミマグロはオーストラリアから、いずれも「空飛ぶマグロ」として冷凍ではない冷蔵で空輸される。多くの魚介類が到着する成田空港は、**「成田漁港」**と呼ばれることもある。

サーモンやサバはノルウェーから輸入されている。サーモンは、本来は存在しない南半球のチリやオーストラリアからも、養殖されたものが輸入される。かつての水産王国はどこに行ったのであろうか。

∷日本の漁業者の減少と高齢化

日本の漁業の衰退を示す指標が、漁業就業者数の減少である。２０１５年の漁業就業者数は16万６６１０人で、10年前の２００５年（22万２１７０人）と較べると５万５０００人以上も減少している。また、65歳以上の割合は36％と、高齢化も進んでいる。

ただし、15歳から24歳の漁業者は６１７０人と、前年と比べると約６％増加しており、明るい兆しも見られる。今後の日本の漁業がどうなるのか、不安と期待が交錯している。

21

水産物養殖の現場の姿

――ホタテ養殖の事例から

ホタテ貝は大型の殻を持つ二枚貝で、本州では東北地方以北に生息する。市場で売られるホタテのほとんどは養殖貝である。青森県の陸奥湾では、ホタテの養殖がさかんであるが、その中でも特に中心的な場所である、東津軽郡平内町の様子について見てみよう。

∷平内町のホタテ養殖

ホタテ貝の貝柱は食用貝類では大型で、刺身や酢の物、煮物やフライなどとして調理される。また保存用に缶詰、干物として加工もされる。

青森県は北海道に次ぐ養殖ホタテの生産県で、平内町での養殖は１９６５年頃に始まった。陸奥湾に突き出た夏泊《なつどまり》半島は全体が平内町で、沿岸には小湊、東田沢、茂浦などの漁港がある。半島東部の小湊漁港に立って海面をながめてみると、漁船の航路以外、一面にホタテ貝の養殖用の浮き玉が見える。春から秋にかけての早朝には、漁獲を終えた１～２人乗りの漁船が重いホタテ貝を積んで帰港する光景が見

平内町の地図

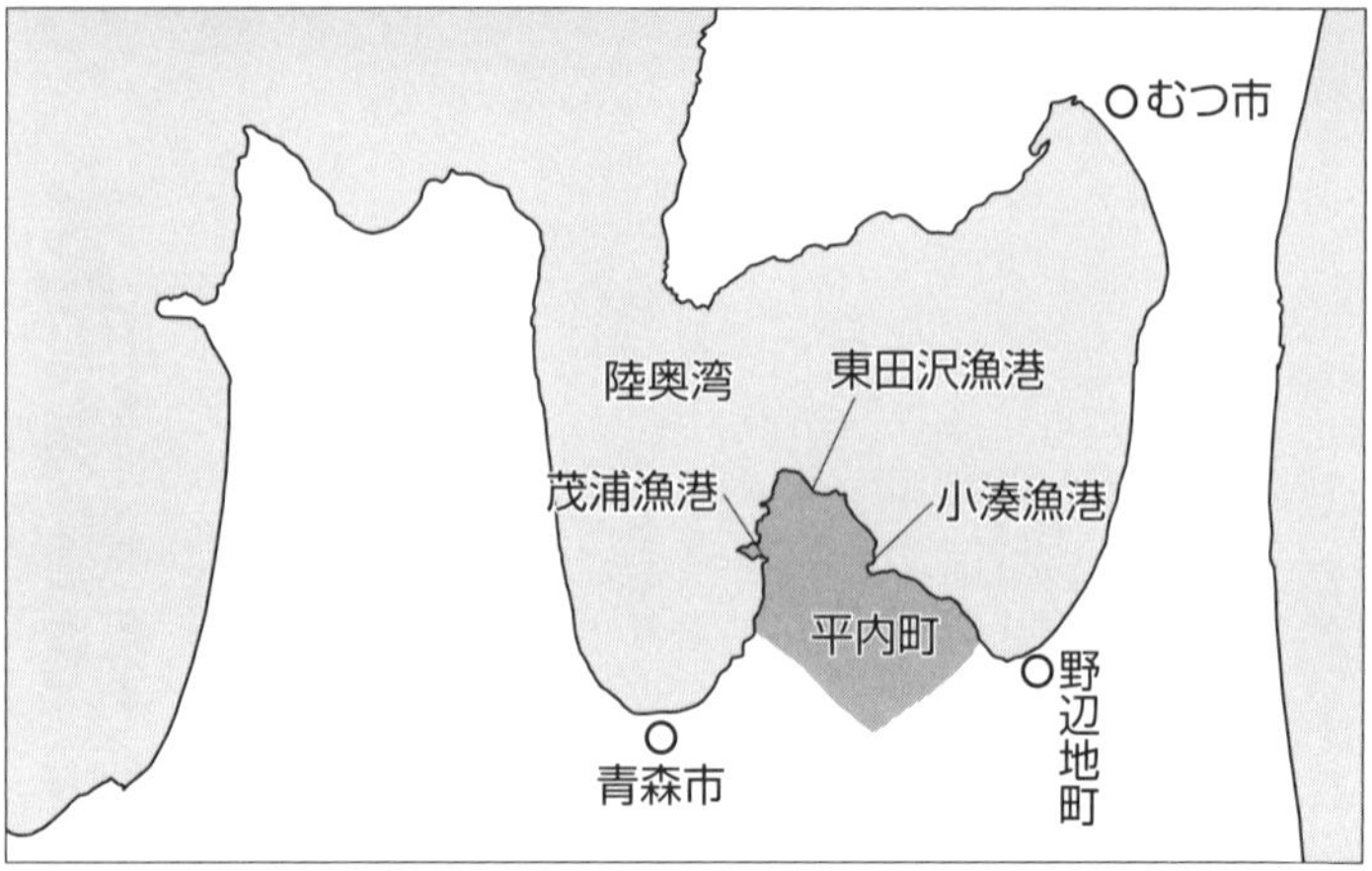

られる。

平内町のホタテの水揚げ量の割合は県内1位で45％（2014年度）を占め、平内漁協の組合員は915人いる。ホタテの養殖は、**垂下式養殖**と呼ばれる方法が一般的である。これは、縄でつなげたホタテを垂直になるように吊り下げる養殖方法である。ホタテは海中のプランクトンを餌としているため、特別に餌は与える必要がない。

∷漁師の仕事

ホタテは、3月末から5月にかけて産卵する。1個の貝は1億以上の卵を産み、卵から海水中を泳ぎ回る浮遊幼生が生まれる。その後、幼生は海に投入した**採苗器**《さいびょうき》（コレクター）に集められる。

採苗器で成長した稚貝は、7月から8月にかけて採取され、80から100個ずつ、**パールネット**と呼ばれる三角の網に中に入れて成長させる。

新貝は10月頃から、さらに別の場所に移される。一番多いのは、一本の縄にホタテの新貝を吊るす**「耳吊り」**と呼

ホタテの養殖

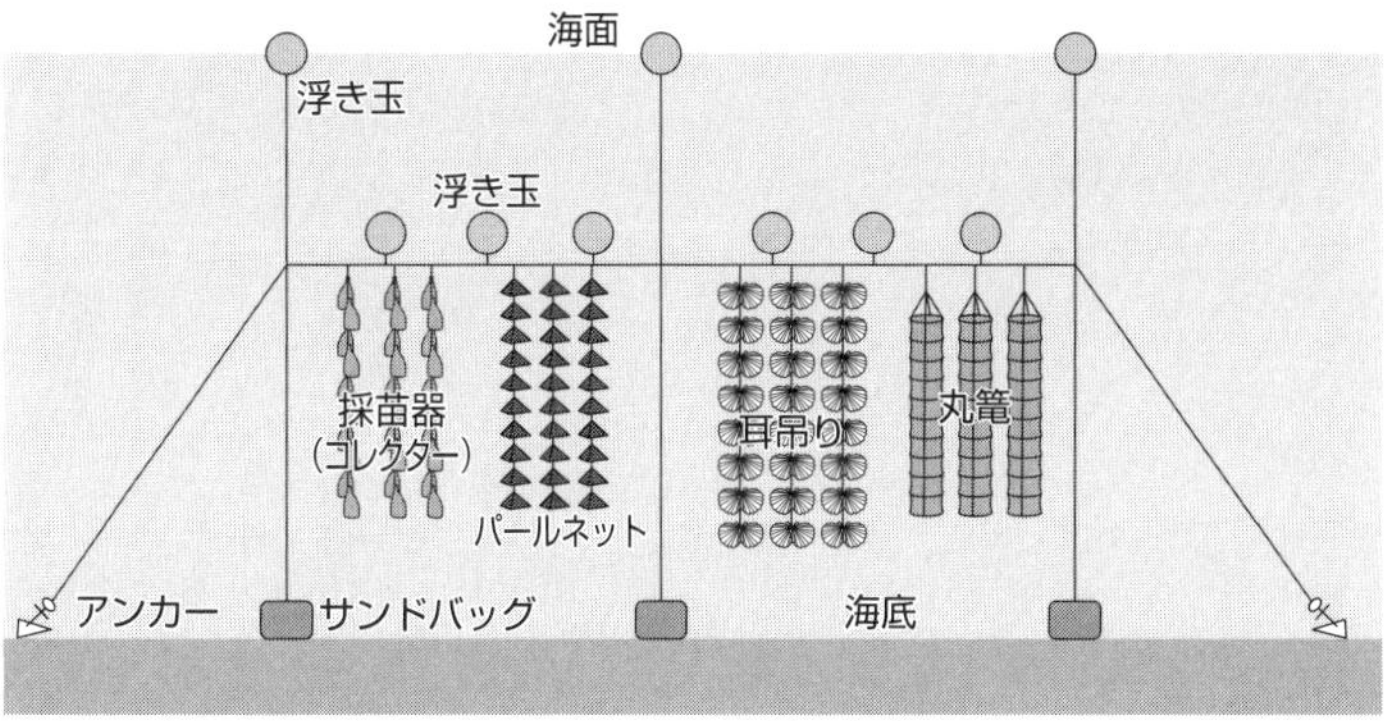

※青森県水産総合研究センターホームページを基に作成

ばれる方法である。平内町では9割近く、陸奥湾全体でも6割はこの養殖法である。

耳吊りの作業はホタテの「耳」と呼ばれる部分に穴をあけて糸を通し、縄に新貝を約100枚つけていく。

また、もう一つの方法として、**丸篭**（円筒状のカゴ）に新貝を1段ごとに10枚ほどずつ入れて、海中に吊るす方法もある。

この新貝の移動作業は、漁師が最も忙しくなるときである。家族労働の少ない家は働き手を頼まなければならない。

それ以外でも、漁師の仕事は毎日忙しい。縄やカゴに着いた海草やゴミをとり除いたり、養殖中のホタテ貝についた海草や牡蠣などの貝をけずり落とさなければならない。ホタテ貝はこのような除去作業を行なわないと、成長に影響が出てしまう。また、貝が成長すると、次第に重くなるため、浮き玉の数を増やさなければならない。

作業は小さな漁船を使っての仕事であるため、命がけである。冬でも、海が荒れない日には毎日、養殖施設を見まわる。ホタテの漁獲は養殖を始めて1年ほどから行なわれ、最盛期は6月から9月の期間である。

memo

ホタテの加工割合

青森県のホタテ貝柱の加工割合（2014年）は、ボイルが79%、冷凍13%、生鮮４%、缶詰３%、干し貝柱１%と、ボイルの割合が多い。ボイルはスチームで加工処理する。

■海水の管理

ホタテの養殖には湾内の海水管理が大事である。そのため、海に注ぐ川からの養分の供給が欠かせない（182ページ参照）。陸奥湾に注ぐ大きな河川はないが、南の八甲田山や北の下北半島、西の津軽半島から流れる中小河川の水はホタテの餌となる**植物性プランクトン**にミネラルを供給する。

また、海水の出入り口の狭い陸奥湾は、津軽海峡から入る海流が弱く、海水の入れ替えが少ない。そのため、ホタテを適切な密度で育てなければ、海が汚染され、ホタテが死滅してしまう危険性がある。そのため、漁協は養殖密度を制限し、青森県は定期的に海水の温度や水質調査を行なっている。

第5章

「モノ」の地理

22

日本の工業地帯と工業地域
——太平洋側を中心に広がる産業地帯

日本における**三大工業地帯**とは、**京浜工業地帯**、**中京工業地帯**、**阪神工業地帯**を指す。以前は北九州も「工業地帯」と呼ばれていたが、近年では、ほかの工業地帯の生産が上回るようになったため、現在では**北九州工業地域**といわれている。

日本の工業生産額の80％ほどは、これらの工業地帯・地域を含めた、関東から北九州に至る場所（**太平洋ベルト**）に集中しており、活発な産業地帯を形成している。

∷首都圏に広がる京浜工業地帯

東京から神奈川県の川崎、横浜を中心に広がる京浜工業地帯は、かつては日本最大の工業地帯であった。しかし、製造品出荷額等の規模は、１９９９年に中京工業地帯に、２００６年には阪神工業地帯に抜かされ、現在は全国で3番目の規模（２０１４年は約26兆円）である。産業のソフト化やグローバル化の影響により、古い工場を廃止して新鋭工場を関東の内陸部や南東北または国外に建設した影響が大きい。

京浜工業地帯には多種多様の工業が存在する。**鉄鋼**、**石油化学**などは、川崎・横浜の臨海部に集中しており巨大な工場がある。これらの地区では、工場からの排出物などを可能な限り抑制し、再利用・再資源化を実現する**エコタウン**の施設も稼働している。

そのほか、東京南部から川崎・横浜の内陸部には自動車、工作機械、エレクトロニクスなどの機械工業が集積し、また東京都の大田区・品川区などの城南地域と呼ばれる場所を中心に研究・開発部門の集積も著しい。

また、京浜工業地帯の東、千葉県側の東京湾沿いについては、**京葉工業地域**と呼ばれる工場群が広がっている。

∷中小工場が集まる阪神工業地帯

阪神工業地帯はかつては日本一の工業地帯であったが、現在は中京工業地帯に次ぎ、製造品出荷額等が全国2位の工業地帯（約32兆円）である。阪神工業地帯は、紡績業や雑貨工業を中心に発展してきた。

かつては家庭用電機が花形産業であった。いまでは一般機械を中心とした機械工業が主役であるが、阪神では、自動車工業の存在は小さい。特に東大阪市には、機械工業の中小工場が集積している。用地を求めて奈良や滋賀県に工場を移転する動きもある。

memo

石油化学工業

石油からプラスチックや化学繊維などを作り出す工業。原料となるエチレンは、原油から取り出したナフサを熱分解して生産する。国内市場が縮小しているうえに、アメリカ合衆国のシェールガスなどで作る安価なエチレンとの競争が激化している。

日本一の規模を誇る中京工業地帯

中京工業地帯は現在、日本全体の製造品出荷額等のおよそ2割（約55兆円）を占め全国一となっている。1960年ぐらいまで繊維工業中心の工業地帯であったが、高度経済成長を経て重化学工業化が進んだ。トヨタ自動車の本社がある豊田市を中心に、刈谷、岡崎市などには世界最大級の自動車工場群が形成されている。

また、名古屋市の南の東海市には、自動車用の鋼板などを生産する大規模な銑鋼《せんこう》一貫製鉄所があり、三重県の四日市市には**石油化学コンビナート**が形成されている。

北九州工業地域

かつては鉄鋼業では日本最大の規模であったが、生産拠点が太平洋岸の大都市周辺の臨海部に移転したことから、その地位が低下していった。代わって北九州工業地域では、リサイクル産業を充実させており、エコタウンづくりが進んでいる。

また、福岡は自動車工業や**エレクトロニクス工業**が集積しており、そのほかにも大牟田《おおむた》の化学、佐世保《させぼ》や長崎の造船など、歴史のある工業が九州北部に見られる。

そのほかの主な工業地域

・関東内陸工業地域（群馬・栃木・茨城）

1970年代から多くの工場が京浜工業地帯から進出し、関東の内陸部に自動

日本の主な工業地帯・工業地域

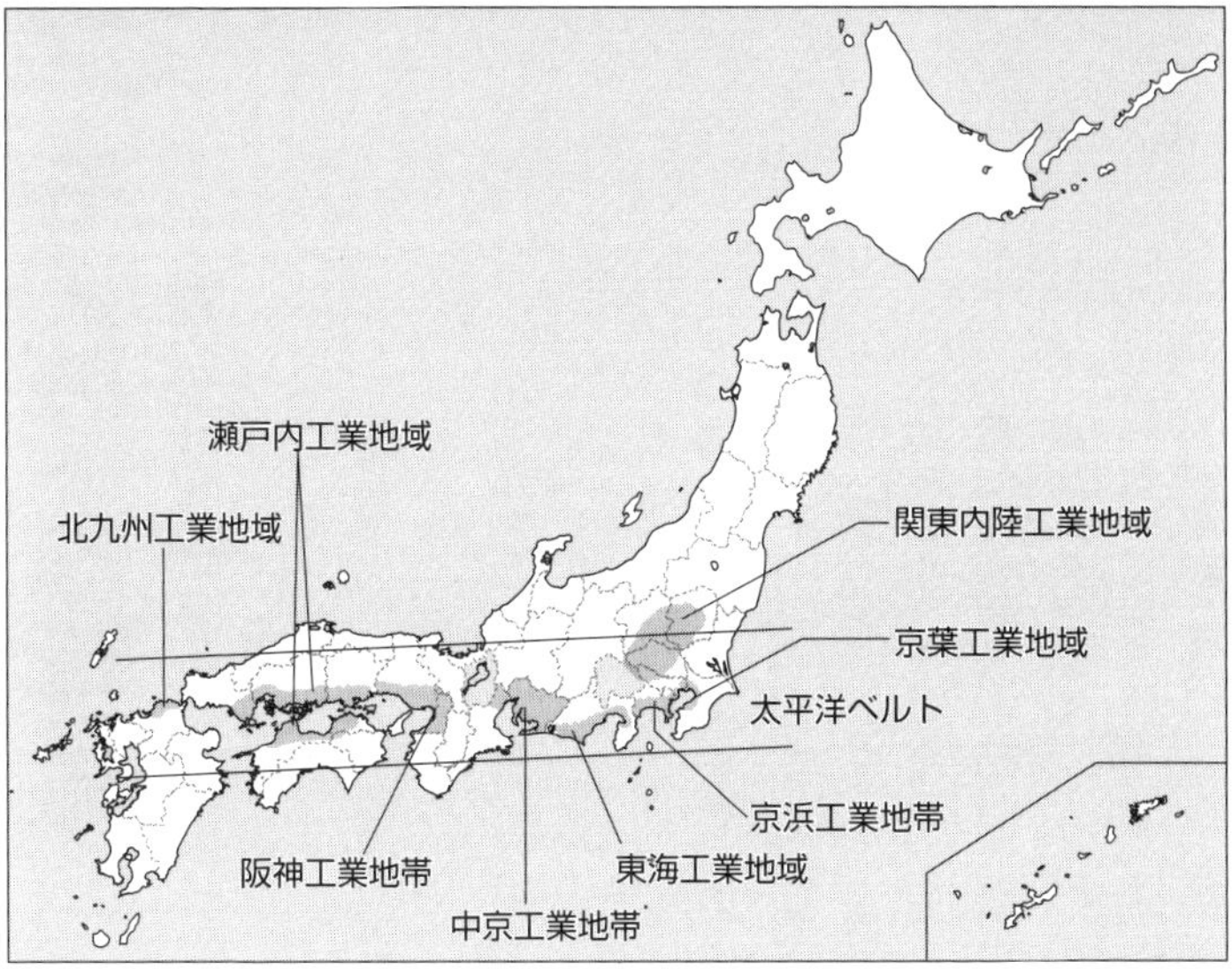

車・食品・化学などの工業団地を形成した。また、研究開発機能を持った工場も作られた。茨城県の**つくば研究学園都市**は国の研究機関、大学や民間の研究センターが集積する。

また、内陸ではないが北関東の**鹿島**には、鉄鋼・石油化学の大工場が進出している。

・**東海工業地域（静岡）**

浜松は織機や楽器、オートバイ、自動車、工作機械などの工場が集積している。静岡（木工業や機械工業）、清水（水産加工、造船）、富士・三島（製紙、パルプ）も特徴的である。京浜、中京の工業地帯から工場が進出している。

・**瀬戸内工業地域（岡山・広島・山口・香川・愛媛）**

造船業は内外の競争にもまれながらも今治・尾道などで生産している。石油化学工業は水島、岩国・大竹、周南《しゅうなん》などの**コンビナート**が生産拠点である。広島、防府、水島などでは自動車工場が稼働している。

23 モノの生産現場
——東京都大田区の事例から

東京都大田区の製造業の事業所は、最盛期の１９８３年には９０００以上あったが、２０１４年には３５００以下にまで減少した。それでも東京23区で最大の工業出荷額を誇っている。大田区にはいまでも職人のいる町工場が見られる一方で、コンピュータのプログラムによって制御された工作機械を駆使している工場もある。

∷優れた基礎技術を持つ中小工場

大田区は北西部の台地と東南部の低地に分かれる。田園調布をはじめとする台地には、比較的緑が多く残る住宅街がある。低地部分は、商店や工場が密集する商工業地域となっている。東京湾側には、金属加工業関係の集積が見られ、多摩川沿いの地域には精密機械関係の工場が多く集まっている。

大田区の製造業の事業所は、高度な加工技術で京浜工業地帯の中核を担っている。大田区の工業の特徴は中小工場が集積していることだ。全体の約半分は従業員１～３人の零細企業で、４～９人を加えると8割近くになる。目でやっと見えるような

memo

地方展開する大田区の企業

区内に本社や営業所を残して地方に工場を移す企業が増えている。本社や営業所は、最新技術や経営戦略の情報を集める業務に集中する。製品の出荷などの工業統計は減少するが、本社があるため、大田区には地方税が入る。

細かな精密極小ばねを製造したりするなど、一定の分野において、突出した技術を持つ企業も少なくない。２０１６年１月には、大田区の中小企業が努力して作り上げた「下町ボブスレー」が、ジャマイカチームに採用され話題となった。

産業のまちづくり

大田区や大田区産業振興協会は、産業のまちづくりのために取り組みを進めており、医療、福祉分野、農業分野などの機器の開発について、全国各地の諸団体とプロジェクト研究に取り組んでいる。

国外においても、タイのバンコク郊外のアマタナコン工業団地の一角に**オタ・テクノ・パーク**を設置し、大田区の中小企業の進出を仲介している。現在は10社ほどが現地工場を操業している。

また、工業展示会をタイ、中国、ベトナム、香港、台湾といった国で開催し、商談の機会を作ったりもしている。

大田区内の工場の主要業種

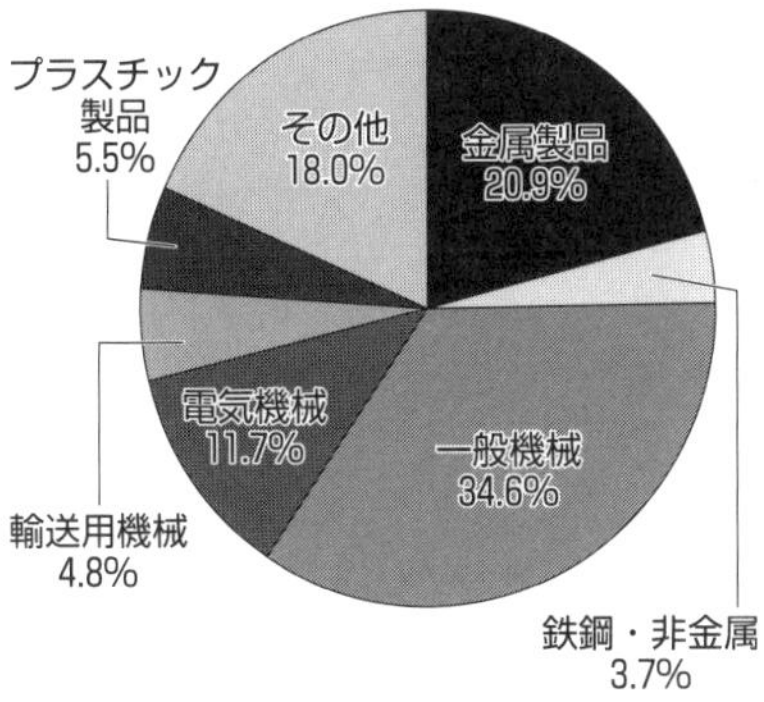

※「大田区工業ガイド」を基に作成

24

日本の工業技術
——高品質だけではない工夫とは？

∷世界一安全な日本の新幹線

１９６４年10月1日、**東海道新幹線**が世界初の高速鉄道として運行を開始した。以来50年以上、列車事故による乗客死傷者はゼロである。世界に誇る安全性の要因は、機械面での技術力のみならず、運行管理システム全体が高度な水準にあることだ。

地震国日本の新幹線は地震対策が重要事項である。強い揺れの主要動（Ｓ波）の前に伝わる初期微動（Ｐ波）を検知する早期地震検知システムが瞬時に作動してブレーキをかける。２００４年の中越地震では上越新幹線が脱線したが人的被害はなかった。２０１１年の東日本大震災でも重大事故は発生しなかった。

２００７年開業の**台湾高速鉄道**は日本の新幹線車両技術を初めて海外へ輸出した例であり、画期的な日本の技術移転となった。

その一方、２０１４年9月に、日本と中国が受注を競ってきたインドネシアの高速鉄道計画は最終的に中国に決まった。地震の多いインドネシアのジャカルタとバンドンを結ぶ高速鉄道の建設は、日本が有利と思われていたが、結果は違った。技術が優れていれば勝てるという日本的価値判断は、世界に通用するとは限らない。

アジアで生かす日本の技術

日本メーカーの家電は長年アジアに根を張ってきたが、近年は苦戦している。特に韓国製と較べて日本製は商品によっては約3割高く、価格競争力で劣っている。イギリスの調査会社ユーロモニターによると、インド、インドネシア、マレーシア、フィリピン、シンガポール、タイの6カ国を家電4製品（テレビ、洗濯機、冷蔵庫、エアコン）ごとに見た24の市場で2015年、日本企業が販売トップだったのは、フィリピンを除く5カ国のエアコンや、タイの冷蔵庫など11市場であった。

これに対し、韓国勢はすべての国のテレビ、インドの洗濯機など12市場で首位だった。韓国製品の品質も上がっており、高品質や安全、耐久性といった日本ブランドではもう勝てなくなっている。

アイデアで消費者をつかむ商品の開発

そこで、アジア独特の習慣やニーズに商機を見い出した、「ご当地商品」の開発に日本メーカーが力を入れている。成長市場で各国企業との競争が激しくなる中、

「高品質な日本製」という価値に頼らず、地元目線のアイデアで消費者をつかむのが狙いである。

「空気をきれいにして、蚊もたくさん取れます」インドネシアでは、シャープが世界で初めて蚊取り機能をつけた空気清浄機を2015年に売り出した。

側面の空気吸入口にUV光や暗い空間など、蚊が好む環境をそろえておびき寄せ、粘着シートでとらえる。蚊200匹を使った実験では、24時間で9割以上を捕獲した。値段は通常機種と較べて倍の3万円ほどだが、目標を大きく上回る売れ行きだという。

セイコーエプソンは2010年、大容量のインクタンク搭載プリンターをインドネシアで発売した。いまでは150カ国以上で累計1000万台を売る大ヒット商品になった。本来は交換インクを売って稼ぐビジネスモデルだったが、アジア各地で大型インクを外付けする改造が横行していたのを逆手にとった。

また、パナソニックは2013年、インド向けに伝統衣装サリーを洗える洗濯機を発売した。サリーは絹や綿、化学繊維などさまざまな布で作られるが、どんな生地でも傷めず洗える水流を実現し、インドの人たちのニーズに応えた。

25 工業製品の輸出と輸入

――原材料を輸入し、加工して輸出する

日本は、アメリカ合衆国、中国、ドイツに次ぐ世界第4位の貿易輸出国である。原材料を輸入し、それを加工して輸出する**加工貿易**を基軸に経済成長を成し遂げてきた。その加工貿易を担ったのは工業である。

∷日本の工業製品の輸出

２０１５年、日本の総輸出額は約76兆円、輸入約78兆円、貿易総額は約１５４兆円で約96兆円（２０１５年度）の国家予算を大きく上回る。日本は、１９８１年から30年間連続して貿易黒字であったが２０１１年の東日本大震災以降、赤字が続いている。

第二次世界大戦前は**繊維原料**を輸入して**繊維製品**を輸出する**軽工業**中心の貿易であった。輸出品は１９３４～36年の平均（この当時の輸出額は24・６億円）で見ると、綿織物、生糸などの繊維品が６割を占め、機械類や鉄鋼は３％ほどである。輸入品は、綿花や羊毛など繊維原料が４割を占めていた。

１９６０年と２０１５年の主要輸出入品を左ページ図で比較すると60年は綿織物などの繊維品の割合が最も高いが、15年では、**機械類**（集積回路・内燃機関・電気回路用品など）と**自動車・自動車部品・精密機械**など付加価値の高い**機械工業製品**が60％を超える。

∷主な輸出先

輸出先は、アメリカ合衆国がトップで中国がそれに続く。両国ともそれぞれ２割程度の割合を占め、合わせて４割近くになる。次いで韓国、台湾、香港、タイなどのアジア諸国が入る。また最近では、中東の国々の割合も増えている。中国への輸出の４割、韓国への輸出の３割を機械類が占めており、中国・韓国の工業生産を、日本の集積回路や電気回路用品などが支えていることがわかる。

鉄鋼は中国や韓国へ、半導体・電子部品・映像機器・通信機などの輸出はアメリカ合衆国とドイツへ、それ以外は、ＩＣ（集積回路）などがアジア各国の製品組み立ての日系工場に送られる。なお、輸出額は、50年間で50倍に増えている。

∷日本の輸入状況の変化

１９６０年の主要輸入品は、綿花・羊毛といった繊維原料が最も多かった。次いで石油であり、機械類、鉄くず、鉄鉱石などの原材料がそれに続く。

主要輸出入品の推移（1960→2015年）

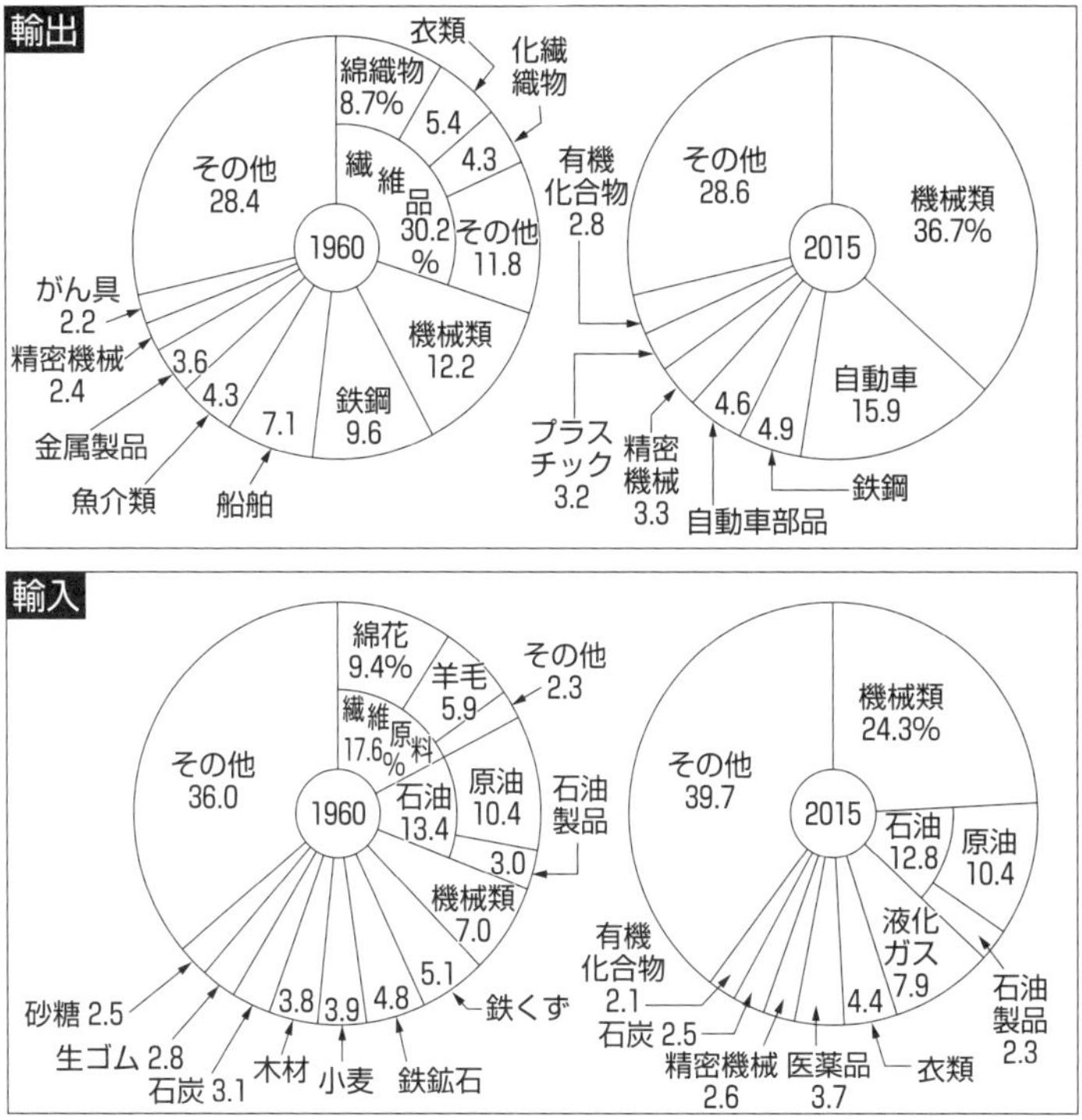

※『日本国勢図会2016/17』を基に作成

2015年で最も多いのは通信機・精密機械などの機械類で2割以上を占める。石油と液化天然ガス（LNG）も多く、合わせて2割程度を占めている。かつての繊維原料に変わって、衣類が輸入されているのも大きな変化である。

∷主な輸入先

日本の輸入先は、中国を筆頭にアメリカ合衆国、オーストラリア、韓国、サウジアラビアと続く。

コンピュータ関連、音響・映像機器、通信機の6～7割は中国、衣類なども7割が中国からである。これは、ユニクロに代

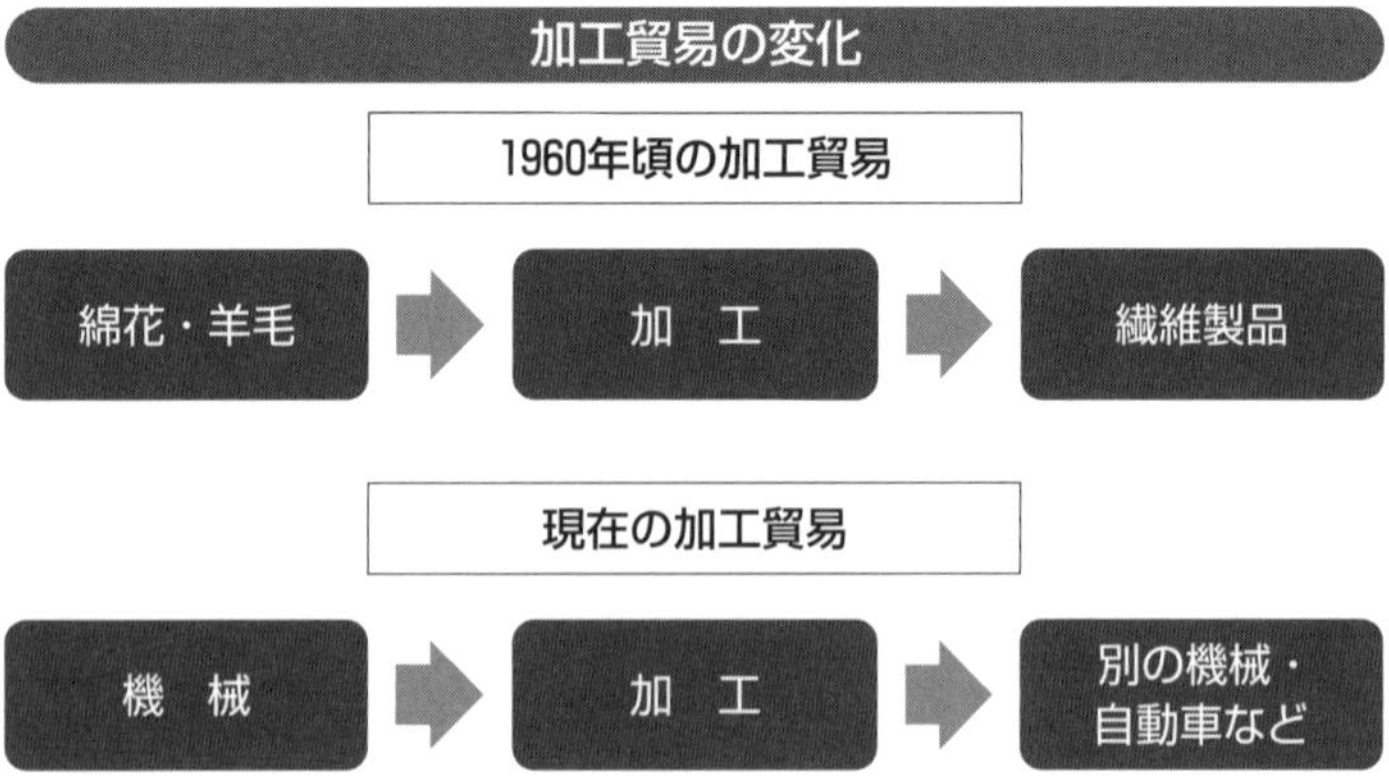

表される日本企業の海外生産によるところが大きい。いまや、日本の衣類の95％以上は輸入品である。

中国に次ぐアメリカ合衆国からは、航空機関連が輸入額の10％以上ある。ヨーロッパでは一番輸入額が大きいドイツ（全体では10位）からは医薬品や光学機械がメインである。人気のドイツ車であるベンツやＢＭＷ、フォルクスワーゲンなども輸入されているが、それらの多くは南アフリカで生産されている。

大豆や小麦など食料品に加工される農産物はアメリカ合衆国や中国、オーストラリアなどから、工業原料やエネルギー源として欠かせない原油やＬＮＧはサウジアラビア、アラブ首長国連邦、カタールなど、中東地域からの割合が高い。全体の輸入額も、50年間で50倍以上となっている。

今後の工業の課題

戦前から戦後にかけて、日本の貿易は、繊維原料を輸入し繊維品を輸出していた。現在は、輸入は石油や鉄鉱石、機械、衣類などに変わり、輸出は通信機、コンピュータ、自動車などの機械類に変わった。これは貿易構造の変化であるが、工業が中心の加工貿易であることに変わりはない。

現在、進められているＴＰＰ（環太平洋戦略的経済連携協定）においては輸入品、輸出品の大部分の関税が最終的に撤廃される。そうなると加工貿易にとっては有利であるが、農林水産物の輸入が拡大されれば、国内の一次産業には大きな打撃となる。

工業と農業の振興をどう両立させていくのかが、今後の日本の課題である。

26 日本でとれる資源

——都市にも資源が眠っている！

かつて日本では、石炭をはじめ、金・銀・銅などの鉱物の採掘が大規模に行なわれていた。ただし鉱山の数は、採掘量の減少や価格競争力の低下などにより、大幅に少なくなっている。そのような中、現在も操業している鉱山の現状や、閉山したものの、蓄積された技術をもとに、新たな事業に乗り出している鉱山のケースを見てみよう。

∷黄金のヤマ健在―鹿児島県伊佐市の菱刈鉱山

かつて黄金の国・ジパングといわれた日本で、大規模な金山がただ1つ、鹿児島県に残っている。江戸時代の小判にも使われた佐渡の金山の2・4倍の量を産出し、国内最多をなお更新している。新たな鉱脈も見つかり、金価格の高騰と伴せて地元の期待はふくらむ。

鹿児島県伊佐市にある**菱刈鉱山**は、山と田んぼが広がる農村地帯の地下に、「迷宮」のように広がっている。全長約130㎞の坑道があり、最も深いところは地下

300メートルもある。1日4回の発破で岩を崩し、鉱石を30トンダンプで地上へ運び出して選別する。それを愛媛県の工場で製錬して、金塊にする。

菱刈鉱山は1750年頃発見され、長らく山田金山と呼ばれていた。住友金属鉱山が採掘を始めた1985年以来、216・7トン（2015年3月時点）の金を産出した。

菱刈鉱山は鉱石1トンの中に含まれる平均金量が約40グラムという高品位（世界の主要鉱山の平均品位は約3～5グラム）を誇っており、現在も1年間に約7トンの金を産出している。過去には日本国内にも多数の金属鉱山が存在していたが、これまでに閉山が相次いだため、今日では商業規模で操業が行なわれている国内の金属鉱山は菱刈鉱山が唯一の存在となっている。

人口約3万人の伊佐市には産出された金の価格の1％が、「鉱産税」として納入され、市税収入の1割を占める。高齢化で福祉予算が膨らむ時代に貴重な財源である。

海外の鉱山開発に力を入れる住友金属鉱山にとって、菱刈は外国の採掘現場などに巣立つ若い技術者を育てる場でもある。鉱脈探しや、公害防止といった日本の技術は、海外でも生かせる可能性を秘めている。

memo

都市鉱山

携帯電話や家電製品には金や銀、レアメタルが使われている。その廃棄物が集まる都市は、「都市鉱山」ともいえる。小坂鉱山は、黒鉱からさまざまな金属類を取り出してきた。その精錬技術が、都市鉱山から金属類を取り出す技術として、生かされることになった。

∷携帯電話から金の延べ棒を作る

秋田県にはかつて248の鉱山があったが、最後まで操業したのが小坂町の**小坂鉱山**である。小坂町には、現存する日本最古の木造の芝居小屋「康楽館《こうらくかん》」があり、歌舞伎や大衆演劇の興行が行なわれている。また、康楽館と同時に「小坂鉱山事務所」も重要文化財となっており、年間10万人が訪れる。

小坂鉱山は、さまざまな金属を含む「黒鉱」の精錬に成功したおかげで、明治時代には日本三大銅山の1つに数えられた。しかし1980年代には、安い輸入鉱石との競争に敗れ、閉山に追い込まれた。ところが、90年代に入り、小坂鉱山は**「都市鉱山」**（メモ参照）の精錬所として復活することになった。

ここの工場の主な原料は、鉱石ではなく、使用済みの携帯電話や電気・電子機器の基板である。比重や溶ける温度、化学反応の違いを利用して金・銀・銅・希少金属を取り出していく。ここの金の生産量は年間約6トン。前述した菱刈鉱山の約7トンに匹敵する。菱刈の鉱石に含まれる金はトン当たり約40グラムだが、携帯電話はトン当たり300グラムと段違いに効率が良い。

1990年に閉山した小坂鉱山がリサイクル工場に生まれ変わった大きな理由は、100年を超す歴史の中で蓄積された技術だ。小坂で採れる「黒鉱」は亜鉛など不純物をたくさん含み、製錬が難しい。だが、取り除く技術開発を進めてきたことがいまにつながった。

日本の都市鉱山の規模の推計

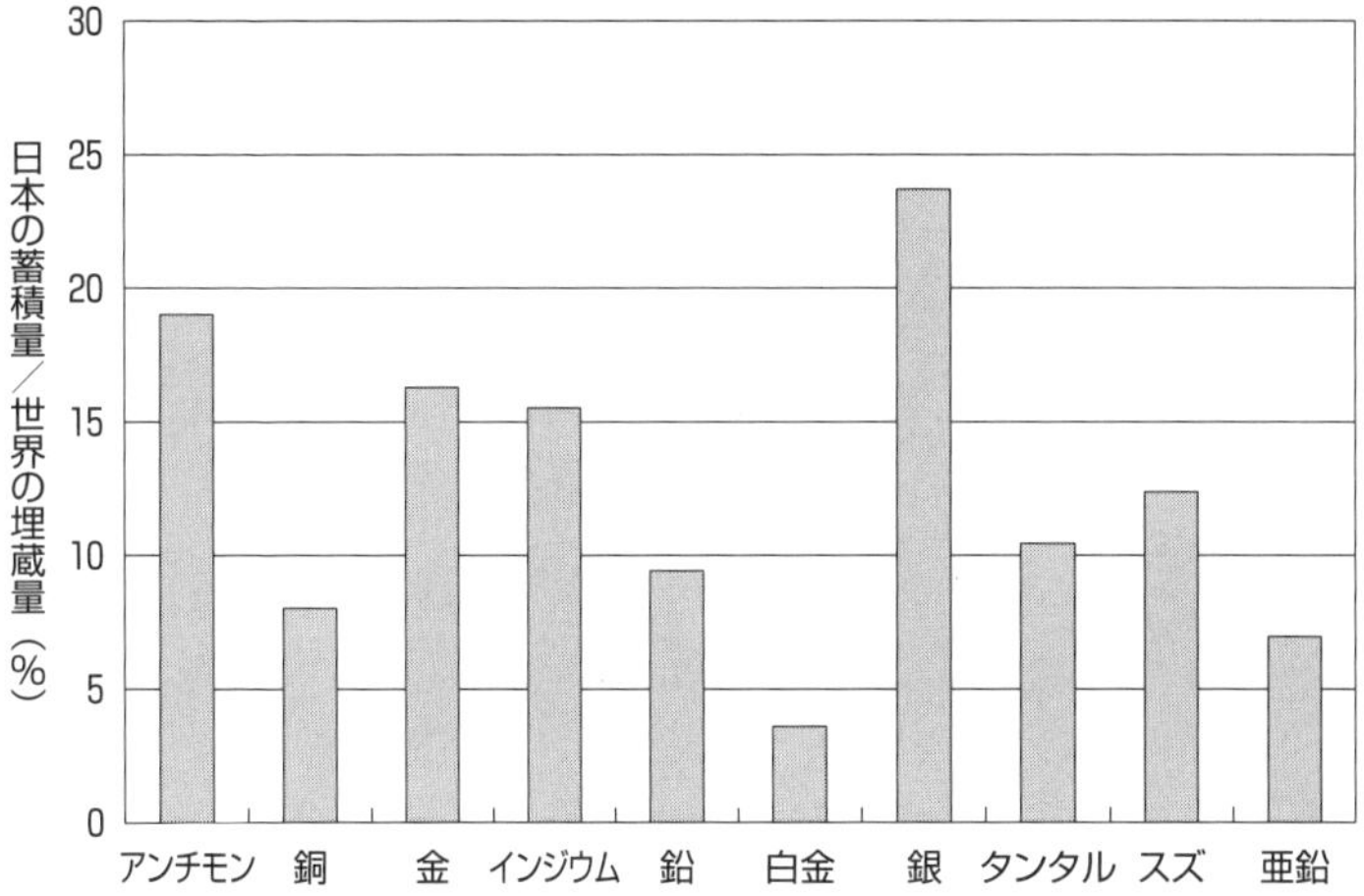

※物質・材料研究機構ホームページを基に作成

1999年、国がこの地区を**エコタウン**に指定し、県も一緒に施設整備への補助金などを出し、支援した。鉱山を運営していた小坂製錬株式会社が、黒鉱の製錬からリサイクル業に軸足を移す決断につながり、新型のリサイクル炉が2007年に完成した。

最初は赤字に苦しんだが、最近は稼働率が8割近くに上がり、黒字化に成功した。閉山で企業が撤退、衰退した町は多いが、企業と町が共存・共栄するまれなケースである。

2008年1月、物質・材料研究機構が日本に蓄積された都市鉱山の規模の試算を公表して、世間を驚かせた。日本の都市鉱山にある金は6800トンと世界の埋蔵量の16％におよび、南アフリカ共和国を上回る規模だという。同様に、銀は世界の埋蔵量の23％、インジウムは15・5％が、国内の都市鉱山に眠っているという。

27 再生可能エネルギーの活用
——福島県土湯温泉の取り組み

東京電力の福島第一原発が事故を起こして以後、再生可能エネルギーへの期待が高まっている。再生可能エネルギーとは、太陽光発電、風力発電、水力発電、地熱発電、バイオマス発電（木くずや廃油・廃棄物などからエネルギーを得る発電方法）などである。再生可能エネルギーは、資源が枯渇せず、繰り返し使え、二酸化炭素を排出しないエネルギーとして注目されている。

福島県復興ビジョンと再生エネルギーへの転換

福島県は２０１１年8月に「福島県復興ビジョン」を策定した。このビジョンでは「原子力に依存しない、安全・安心で持続的に発展可能な社会づくり」、「ふくしまを愛し、心を寄せるすべての人々の力を結集した復興」、「誇りあるふるさとの再生の実現」の3つを基本理念に掲げている。そのうえで「ふくしまの未来を見据えた対応」の主要施策の1つとして、「再生可能エネルギーの飛躍的推進による新たな社会づくり」を掲げ、脱原発社会づくりへの取り組みを始めた。

∷福島市土湯温泉町の再生可能エネルギー事業

福島駅から南西方面に16㎞のところに**土湯《つちゆ》温泉**がある。伝統の土湯こけしは東北の三大こけしと評される。土湯温泉の源泉は130℃と高温で、湧水で冷却し温泉として使用している。

土湯温泉は東日本大震災と福島第一原発事故の影響と風評被害により、観光客が激減し、16軒あった旅館のうち6軒が休廃業に追い込まれた。旅館などの廃業により住民が減少し、65歳以上の人口比率が46%となり、高齢化が顕著となった。

この状況を克服し、持続する観光地を作るために、温泉資源による**バイナリー発電**（地熱発電の一種・118ページメモ参照）、水資源活用による**小水力発電**（ダムのような大規模な施設を作らず、用水路や小河川などの流れを利用した発電方法）といった、再生可能エネルギー事業を開始した。2012年7月から始まった、自然エネルギーの固定価格買い取り制度も追い風になった。

土湯温泉町では、2015年4月に東鴉川《ひがしからすがわ》水力発電所が、また同年11月には土湯温泉16号源泉バイナリー発電所が竣工した。2つの再生エネルギー事業が竣工するまでの道筋をたどってみよう。

∷発電所が動き出すまで

2012年5月に、温泉街の復興を目指すため、「土湯温泉スマートコミュニテ

memo

地熱発電の種類

地熱発電には大きく分けて２つの方法がある。１つは地熱の高温の蒸気で直接タービンを回す「フラッシュ式」といわれるもの。もう１つは沸点の低いノルマルペンタンなどのほかの媒体を地熱で気化させタービンを回す「バイナリーサイクル式」といわれるものである。

ィ構想」が策定された。再生可能エネルギーの導入も、この構想の一環として推進されたものである。

このプロジェクトは主として、温泉源の地上に噴出している温泉蒸気と温泉熱水を利用したバイナリー発電と、荒川支流の東鴉川の砂《さ》防堰堤《ぼうえんてい》を活用した小水力発電からなる。それぞれ発電能力は４００kw／h（約８００世帯分）と１４０kw／h（約３００世帯分）となっており、現在は全量を東北電力へ販売している。

借入金の償還後は、土湯温泉町の需要量（１０２０世帯分）をほぼ満たしたうえで、余剰電力を域外に販売することができる。今後は、小水力発電所の増設なども視野に入れ、対応を進めている。

バイナリー発電は熱を効率よく発電に利用するため、水蒸気ではなく、沸点が36℃と低い「ノルマルペンタン」を熱媒体として利用する。温泉熱で気化されたノルマルペンタンの蒸気でタービンを回し電気を起こす。タービンを通過したノルマルペンタンは10℃の湧水で冷やされ、元の液体に戻る。

今後の課題

土湯温泉16号源泉バイナリー発電所では、年間1億円の収入があり、約8年で投資資金が回収できる予定である。

温泉バイナリー発電所をはじめ、再生可能エネルギー施設の見学案内や、企業視

土湯温泉16号源泉バイナリー発電機

察の受け入れも行なっており、すでに全国から1万人以上が視察や見学に訪れた。

今後は、①温泉熱で魚介類養殖、植物栽培などで新産業を興し、雇用を創出する、②環境とエネルギーとまちづくりと伝統文化をつなぎ合わせたニューツーリズムの展開をする、③まちづくりにエコロジーをプラスすることでCO_2排出量を削減する、④まちづくりに安全・安心をプラスすることでエネルギーの地産地消を進める、⑤電気自動車などエコなエネルギーの使い方にスマートをプラスする次世代エネルギー・社会システムを構築する、予定であるという。

第6章

「文化」の地理

28 古都保存の取り組み

——祇園祭と地域景観づくり

京都の夏の風物詩である**祇園祭**のクライマックスには**山鉾**《やまぼこ》と呼ばれる山車《だし》（祭礼のときに引いて歩く屋台）が町中を巡行する。山鉾の運営・管理を行なっている地域を山鉾町と呼ぶが、山鉾町がまちづくりにかかわっている様子を見てみよう。

■祇園祭と山鉾町

祇園祭は、八坂神社（京都市東山区）の祭礼であり、毎年7月1日からの「吉符《きっぷ》入《いり》」に始まり、31日の「疫神社《えきじんじゃ》夏越祭《なごしさい》」まで、1カ月にわたって開催される。

祭りの起源は、８６３年、疫病が流行したため、勅命により御霊会《ごりょうえ》（鎮魂の儀式）が行なわれたことにある。平安時代の中頃からは規模も大きくなって、賑わいを見せるようになる。室町時代には、町々の特色ある山鉾があったことが記録に残っている。

京都を荒廃させた応仁・文明の乱（１４６７～77年）によって祭りも中断したが、１５００年には町衆（裕福な商工業者）の手によって復活した。以後、江戸時代に

memo

京都の元学区

室町時代末期からの自治組織である「町組」が明治初期に「番組」と呼ばれる区域に再編成され、そこに小学校が設立された。小学校は番組の負担金や寄付によって建設された。番組は２度の改編を経て1892年から「学区」と称されるようになった。現在は「元学区」と呼ばれている。

は鎖国政策が取られたにもかかわらず、中国やペルシャ・ベルギーのタペストリーなどが山鉾に飾られるようになった。現在、その華麗さから、山鉾は「動く美術館」と評される。

江戸時代にも火災に見舞われ、また１９４３年からの４年間は戦争の影響で山鉾巡行が中断したが、京都の人々の力によって、祭りの伝統は現在まで受け継がれている。２００９年にはユネスコ無形文化遺産に登録された。

京都中心部の中京区・下京区には33の山鉾町があり、その数だけ山鉾がある。うち前祭《さきまつり》（7月17日）では山鉾23基が、後祭《あとまつり》（24日）では10基が巡行する。最大のものは重さ12トンにも達し、組立・巡行・解体には、延べ１８０人もの人手を必要とする。

∷明倫学区の地域景観づくり協議会

京都市内の中心に、「明倫学区」と呼ばれる地域がある。戦前・戦中までは、京都の学区は単なる通学区ではなく、行政（自治）区域でもあった。明倫はその地にあった倫理学の一派である石門心学の道場「明倫舎」に由来する。

明倫学区内には27の町があり、そのうちの13が山鉾町である。27町内会の連合体である「明倫自治連合会」は「祇園祭を受け継ぐ風格あるまち、商いと暮らしが響き合う町　明倫」を合い言葉にまちづくりを進めてきた。

連合会は京都市から「地域景観づくり協議会」として認定されていて、この地区で新築・増築・屋外広告物の設置などを行なう場合は、協議会と「地域景観づくり計画書」をふまえた意見交換が必要である。

まちづくり宣言と京都市新景観政策

南観音山《みなみかんのんやま》という山鉾を出す百足屋町《むかでやちょう》が「山鉾町を守る・百足屋町まちづくり宣言」を採択したのは１９８８年のこと。バブル終盤のこの時期、規制緩和ともあいまって、山鉾町でも高層マンションが建設されるようになった。また、地上げも起こり、祇園祭を支えてきた人が、住み慣れた町を去っていくことにもなった。

百足屋町の宣言は「この町に住みこの町で事業を営むことに限りない誇りを持つ私たちは、山鉾町の行末を心から憂い、祇園祭を日本及び世界に誇るかけがえのない文化遺産として、その栄光を後世に継承するために最善を尽くしたいと思う」というものであり、建物の高さ制限を18メートルとすることを提起していた。

このころから、京都以外の各地でも「まちづくり憲章」「まちづくり宣言」が採択され、建物の高さ規制が盛り込まれていった。こうした活動は市政にも影響を与えた。

近年、京都市は景観にかかわる規制を強めた。２００７年に策定された新景観政策では、明倫学区のような高さ制限が強化され、「景観眺望創成条例」によって、

明倫学区の27町内

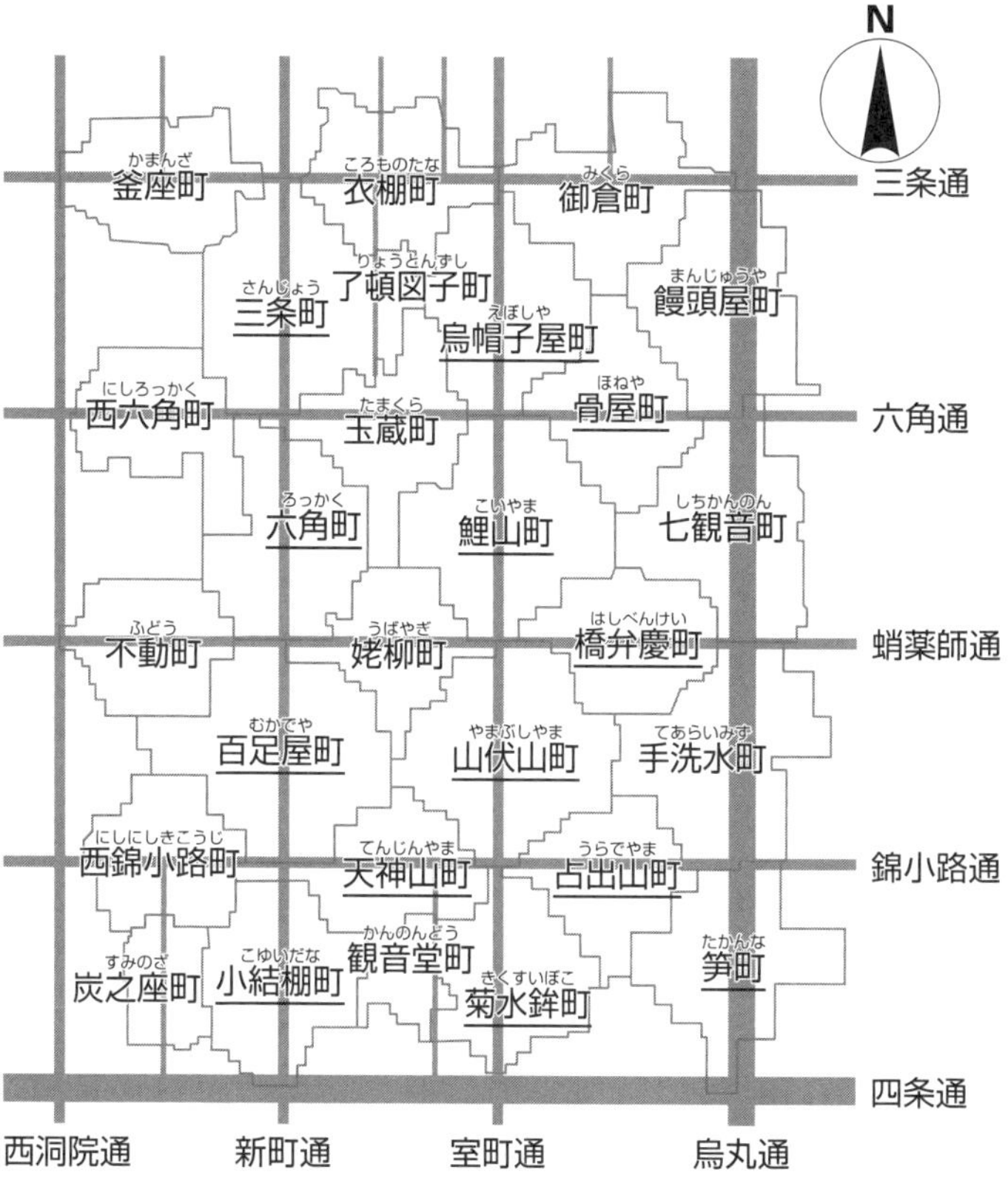

※「明倫自治連合会地域景観づくり計画書」を基に作成
　下線を引いてある町が山鉾町

眺望景観・借景の保全をはかるとともに、屋外広告物への規制も行なっている。全国展開している飲食店やコンビニなどの派手な色の看板も、京都では地味な色合いになっていることはよく知られている。

29

アイヌの文化と生活
──取り巻く現状と、文化伝承の試み

1997年に、**アイヌ新法**と呼ばれる「アイヌ文化の振興並びにアイヌの伝統等に関する知識の普及及び啓発に関する法律」が施行された。同時に差別的な内容を含んでいた**「北海道旧土人保護法」**は廃止された。また国会は、2008年にアイヌを先住民族とする決議を採択したが、アイヌの生活の実態はどうなっているのだろうか。

∷「旧土人保護法」のもとでのアイヌ

明治政府は、アイヌの戸籍に「旧土人」と記し、1874年、アイヌが居住していた北海道を、所有者のいない「無主の地」とした。

1899年には旧土人保護法を制定し、アイヌに対し、土地を「下付《かふ》」(与えること)し農業をすすめ、医療・教育の実施を掲げて政府が保護する政策を行なった。旧土人保護法はアイヌを自主・自立ができる民族として認めず、日本人に「同化」させることに目的を置いた。

多くのアイヌの人たちは漁労や狩猟を生業としていたので、突然の農業への切り替えができなかった。しかし、漁労・狩猟をすれば密漁・密猟として逮捕された。

アイヌ初の参議院議員であった故萱野茂氏は、アイヌ新法が発効された後の1999年に行なわれた函館の講演で「アイヌ民族は和人によって、主食である鮭を獲ることを禁じられた。世界の先住民族で主食まで取り上げられた民族はアイヌがただ一例」と述べ、「私の名字はもと貝沢だが、父は生活のため鮭を獲り何度も逮捕された。父は子どもが〝犯罪者〟の名字では肩身が狭かろうと考え、私を親戚の萱野の養子にした」「アイヌ民族は和人に北海道を渡した覚えも、貸したこともない」と語っている（著者のメモによる）。

アイヌ新法では「文化の振興」に重点を置くが、「旧土人保護法」の差別的視点からみれば前進が見られる。だが、失われた権利や生活の回復については新法では触れられていない。

∷アイヌの人口と文化の保存

北海道庁の2013年の調査では、北海道内にいるアイヌの人数は1万6786人であった。ただしこれは把握できた数であってアイヌの全数を表しているわけではない。また、北海道以外にも、首都圏などに数多くのアイヌが住んでいる。

だが、札幌・旭川・函館などの北海道の都市部では、「アイヌの姿」は見えにくい。

北海道に住むアイヌの人口（2013年）

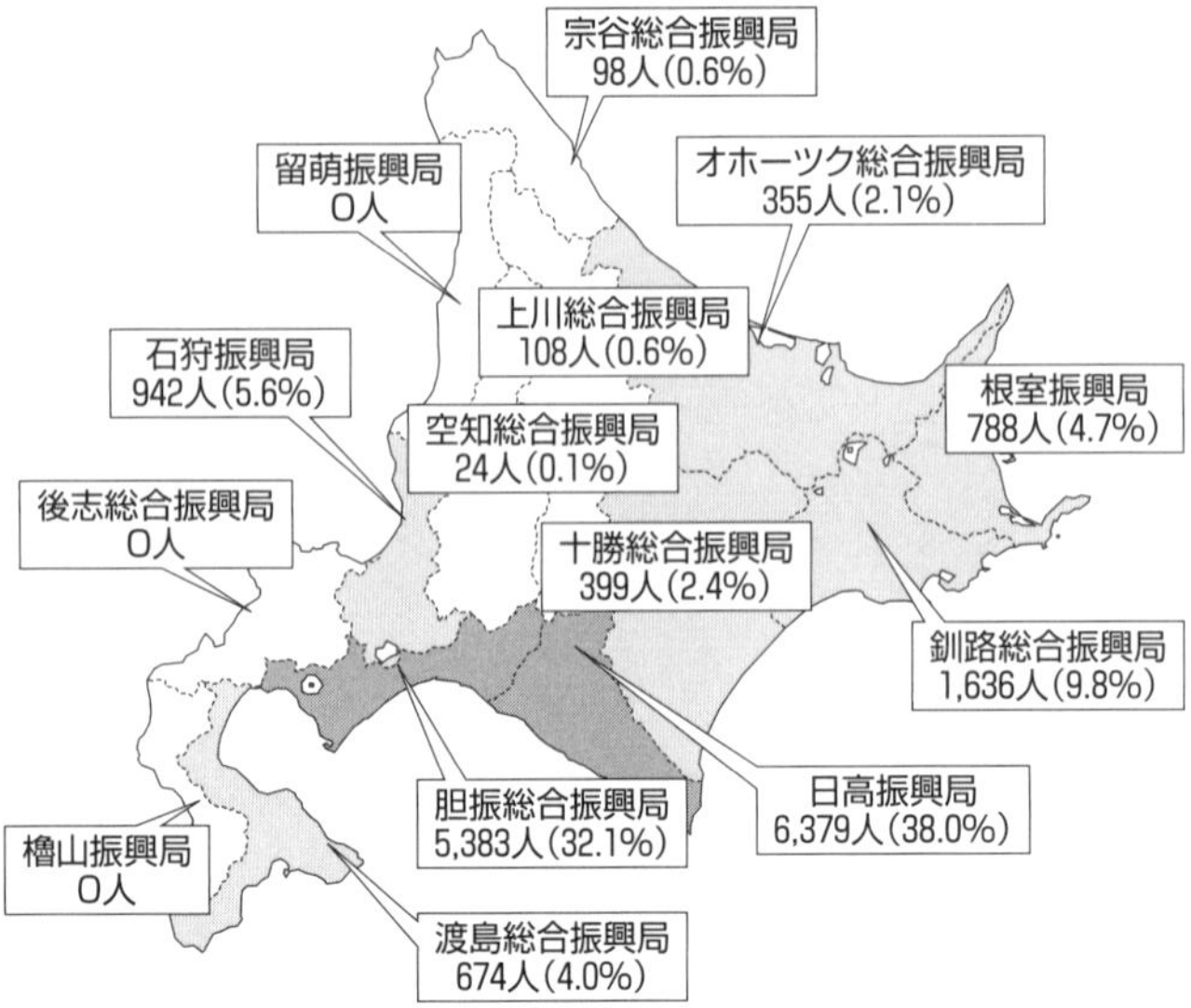

※北海道アイヌ協会ホームページを基に作成

それはアイヌの祭事の写真に出てくるような、民族衣装を着てヒゲを伸ばした長老の姿や、アイヌ文様の衣装を着た女性などを見ることがないからだ。

多くのアイヌの人たちは一般の日本人と同じ服装をして働き、生活している。だが、生活の一端を教育で見ると、アイヌが居住する市町村全体の大学への進学率は43・0％であるのに対し、アイヌは25・8％（2013年、北海道庁調査）と低くなっている。

∷伝統文化保存への取り組み

民族のアイデンティティーは歴史をたどることから始まるが、札幌などの都会生活者は日常的にアイヌの歴史や伝統文化に触れる機会が少ない。このような現状に対して、アイヌの伝統文化を保存し発展させようと取り組んでいる地域がある。

日高振興局管内にある平取町二風谷《にぶたに》は沙流川《さるがわ》中流の**コタン**（集落・村）で、**オキクルミ**といわれるアイヌに生活文化を教えた神の伝説がたくさんあるところだ。また15～17世紀のチャシと呼ばれる城柵を巡らせた施設や住居遺跡の発掘からは漆器・金属製品、骨角器、ガラス玉など先人の生活がわかる埋蔵文化財が出ている。

二風谷には前述の萱野氏がアイヌ文化の保存と普及に努めた「萱野茂二風谷アイヌ資料館」がある。資料館には民具・衣服・工芸品のほか、ユーカラ・民話が収集・記録・保存されている。アイヌ民家のチセ（茅葺きのだんだん屋根の家）も屋外に建っている。

そのほか、二風谷には平取町立二風谷アイヌ文化博物館、沙流川歴史館といった施設もあり、アイヌの歴史と文化を知ることができる。

30

北方領土の現在
——1万6000人のロシア人が暮らす「日本の領土」

北方四島（**択捉島**《えとろふ》・**国後島**《くなしり》・**色丹島**《しこたん》・**歯舞群島**《はぼまい》）が当時のソ連に支配されてから70年以上が経過した。北方領土問題はこれからどのように動いていくのだろうか。

∷かつてはアイヌの生活圏

北方四島に対しては、日本政府は「固有の領土」とするが、これは近代国家における「主権」や「国境」といった視点からである。近代国家としての日本の支配下に入るまでは、北方四島は、先住民である**千島アイヌ**の土地であった。千島アイヌは、北海道のアイヌや樺太のアイヌとは異なる文化を持っていたという。しかし、そのような歴史が語られることは少ない。近代国家の視点からは北方四島が「日本固有の領土」であるとしても、先住民の立場に立った歴史観も必要だろう。

∷四島返還をめぐる選択

ソ連（後にロシア）は北方四島を、1945年の日本の敗戦後から実質的に支配

memo

四島交流（ビザなし交流）　相互理解を促進して、領土問題の解決を図る目的で、日露両政府の合意のもとで1992年から始まった。互いに査証（ビザ）や旅券（パスポート）なしでの訪問が行なわれている。2015年までに日本から12,439人が北方四島を訪問し、北方四島からは8,859人が日本を訪問している。

している。それから70年以上が経過しており、日本政府は、北方四島は「固有の領土」であるとして返還を求めているが、現在のところそれが実現する可能性は低い。

1956年の**「日ソ共同宣言」**では、平和条約締結ののち歯舞群島と色丹島は日本に返還することになっているが、いまだに平和条約が締結される見込みはない。日本側は、これまで四島一括返還を求めてきたが、実際にはロシア政府に対して「四島の我が国の帰属が確認されれば、実際の返還の時期、態様及び条件については柔軟に対応する」という姿勢を示している。しかし、そのような妥協案に対してもロシア政府の反応は冷たい。

この問題が生じてから、すでに長い時間が経過し、旧島民の高齢化が進んでおり、早期解決を目指すべきであることはいうまでもない。

そのような状況の中で、近年いくつかの選択肢が提示されるようになっている。選択肢は、以下の通りである。①四島返還（二島先行返還を含む）、②三島返還（歯舞群島・色丹島・国後島）、③二島返還（歯舞群島・色丹島）、④面積等分返還、⑤両国の共同管轄。

∷北方四島の現在

今後何らかの形での解決策が採用されたとしても、長年居住しているロシア人と新たに居住することになる日本人とが共生をしながら、どのような北方四島を作り

北方四島の面積

北方四島の合計…5,036k㎡

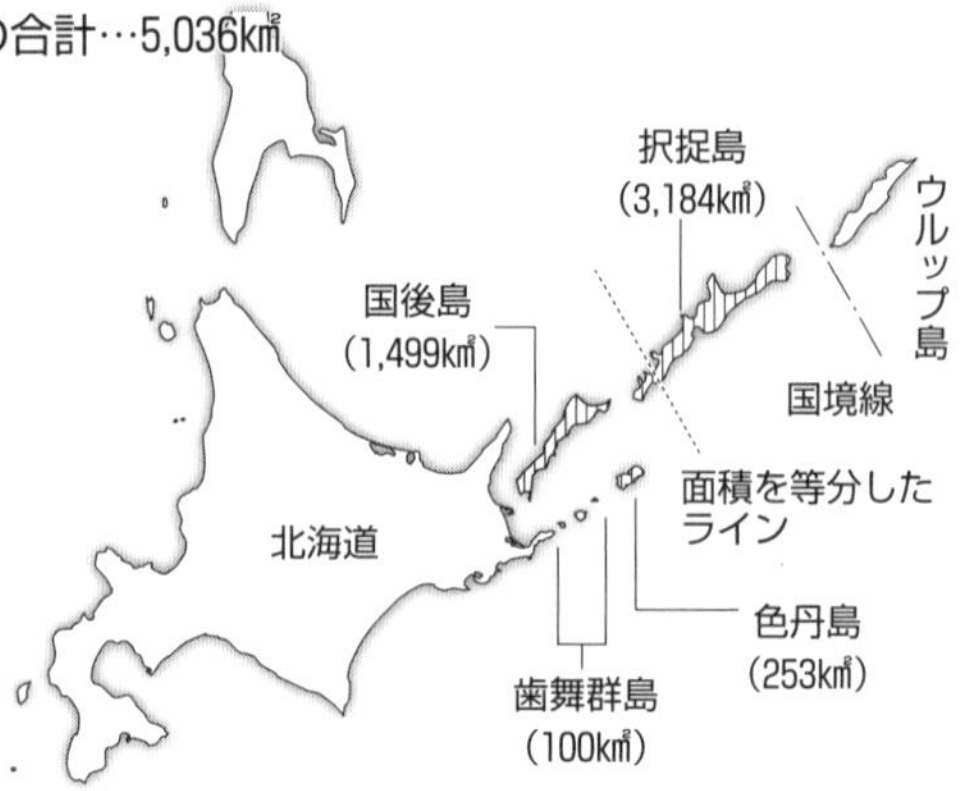

あげていくのかという青写真を描くことは、日本とロシアの両政府に課せられた大きな課題となるだろう。国境問題は帰属が決まればそれで解決というわけにはいかない。

北方四島には、現在約１万６０００人のロシア人が居住している。主な産業は水産加工業などで、道路などのインフラ整備は遅れているが、ロシア政府は南クリル開発計画のもとで整備を進めている（クリル諸島とは千島列島のこと）。

また、２０１０年に当時のメドベージェフ大統領が国後島を訪問するなど、ロシアは支配体制を強めている。

しかし、その一方で日本からの人道支援は受け入れており、色丹島では発電施設や学校の校舎、診療所などが建設された。

∷日本人が訪れることは難しい

日本人が北方四島を訪問することは困難である。ロシア政府の査証（ビザ）を取得して入国して「クリル諸島」に行くことは可能である。しかしそれを実行することは、北

北方四島の居住者

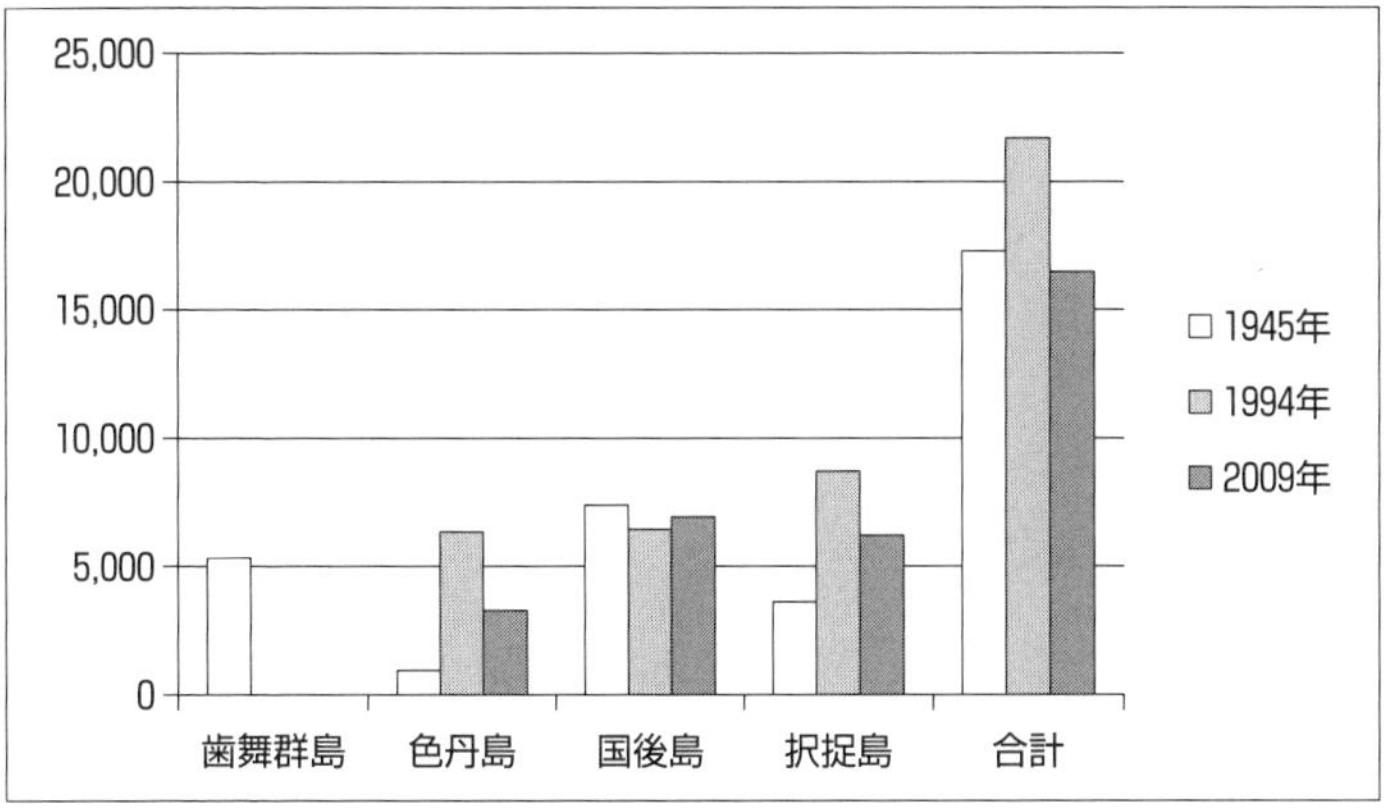

※北方領土問題対策協会資料を基に作成

方四島におけるロシアの主権を認める行為であるとして、日本政府としては自粛を求めている。

実際に訪れる手段としては、元島民による墓参と自由訪問、そして返還運動関係者や教育関係者などによる**「四島交流」**（ビザなし交流）（131ページジメモ参照）などに限られている。そのため、北方四島の正確な情報が日本にはなかなか伝わってこないのが実状である。

31

沖縄の文化と生活
——独自の習慣と、米軍基地の問題

琉球（沖縄）には、１６０９年に薩摩藩が侵攻してきたが、江戸時代までは中国の影響下にもあったため、独自の文化が花開いた。その後、明治政府による**「琉球処分」**によって、１８７９年に日本の県の１つになった歴史を持つ。

∷日本と中国、双方の文化が溶け合っている沖縄

沖縄は、５００年に及ぶ琉球王国の時代に、中国の明・清王朝や朝鮮、日本との中継ぎ貿易により繁栄した。

特に中国文化の影響は大きく、**亀甲墓**《かめこうばか》（墓室の屋根が亀甲の形をしたお墓）**豚肉食**など、生活の多岐にわたっている。

亀甲墓は形からそう呼ばれるが、もともとは女性の子宮を模したもので、「人は死ぬと再び母胎へ戻っていく」という帰源思想を表している。中国の福建省周辺では、亀甲墓と似た墓が現在も見られる。

また、人の死にまつわる習慣である葬制は基本的な文化様式だといわれるが、葬

制の大陸文化の影響は、戦前まで沖縄社会で一般に行なわれていた**「洗骨」**（土葬などを一度行なった後に、死者の骨を取り出して洗い、再び埋葬すること）の習俗にも現れている。

∷豚肉食が広まった理由

琉球での食肉は、もともとは牛と犬が一般的であった。ミミガー（耳肉）やチラガー（頭肉）が話題になる豚肉食が広まった原因として、中国の使節が滞在した際の食料調達がある。特に、琉球の新国王の承認式の際には、その宴会に大量の豚肉が必要だった。このような際に滞在する中国の使節団は400人あまりで、長いときには滞在期間が8カ月に及んだ。1日に20頭の豚を消費するとすれば、承認式では4800頭の豚が必要になる。

琉球ではこの膨大な豚を奄美地域からも仕入れることで対応したが、18世紀初期には、琉球王府が豚の増産に乗り出し、村々に豚の飼育を強制した。同時期に沖縄各地に豚の飼料として使えるサツマイモが普及したことも、飼育を加速させる一助となった。

∷国土の0・6%の県土に全国の74%の米軍基地

沖縄の現在を知るには、沖縄戦と米軍基地の存在が欠かせない。アジア太平洋戦

memo

沖縄の方言

現地では沖縄の方言のことをウチナーグチと呼んでいる。なじみのある沖縄方言に「めんそーれ」（いらしゃいませ）、「はいさい」「はいたい」（こんにちはの男性形と女性形）などがある。

争において最大規模の戦闘となった**沖縄戦**では、住民の4人に1人が亡くなった。

沖縄戦からは、国土が戦場になった際の被害のありようが見える。沖縄本島南部の米須《こめす》に置かれている「魂魄《こんぱく》の塔」には、沖縄戦で犠牲になった住民などがまつられている。魂魄の塔は、戦後の沖縄で最初に建てられた慰霊塔である。

戦後、本土における米軍基地反対運動の中で、基地の多くが米軍統治下（1972年まで）の沖縄に移され、在日米軍基地のうち沖縄が占める比率は74％になった。

特に、普天間基地などにいる**海兵隊**（アメリカ合衆国の軍隊の1つ）は、在沖米軍施設の7割を使う。海兵隊は、もともとは内陸県の山梨、岐阜に置かれていたが、1950年代に沖縄に移転してきた。その結果、本土の国民の目から基地の存在を遠ざける要因にもなった。

∷観光収入は米軍基地関係収入の約2倍

戦後の沖縄では、工業基盤が育たないまま今日に至っている。これは、日本が高度経済成長を迎えた時期に米軍統治下であったため、発展から残されてしまったこと、工場などを建てるために必要な平坦地の多くが米軍基地として使用されていることなどが、原因として挙げられる。

製造業などの第二次産業に携わる沖縄県の人の比率は12・3％（2014年度）と、全国平均の2分の1である。それに反して、サービス業（政府関係を含む）などの第3次産業は85・9%とほかの地域と較べて高くなっている。

返還直後の沖縄では、米軍基地関係収入（軍用地料、軍雇用者所得、米軍等への財・サービスの提供）が県民総所得に対して占める割合は15%を超えていた。しかし、２０１３年度のデータでは、米軍基地関係の収入が県民総所得に占める割合は５・１%で、金額にして２０８８億円である。一方、観光収入の同比率は10・９%とおよそ2倍で、金額ベースでも４４７９億円となっている。

観光収入が基地関係収入の約2倍になる傾向は、ここ十数年間変わっておらず、返還時とは経済の構造が大きく変わってきていることがわかる。

魂魄の塔

32 多摩ニュータウンの現状と課題

――進む高齢化と今後の対応

多摩ニュータウン計画は**「新住宅市街地開発事業」**に基づいて１９６５年に決定された。背景には、１９６０年代の首都圏での人口の急増と、深刻な住宅不足があった。

∷国家的プロジェクトとして始まった

東京の西南部に位置する多摩丘陵は、新宿から直線距離で20㎞圏内で唯一残された広大な未開発地域だった。

多摩ニュータウン計画では、良質の居住条件を確保するとともに、都市機能を備えた定住できるまちづくりが構想され、多摩丘陵のほぼ全域が計画地域に参入された。

多摩ニュータウンの計画規模は八王子・多摩・稲城・町田の4市にまたがり、事業主体は東京都・住宅公団（後のＵＲ都市機構）・東京都住宅供給公社（ＪＫＫ）の三者だった。総面積２８９２ヘクタール、計画人口34万人というプロジェクトで

memo

ニュータウン

イギリスのハワードが1902年に著した『明日の田園都市』で提案された都市形態である。そこに描かれたものは、職住接近の郊外都市であった。しかし、日本ではニュータウンというとベッドタウンが一般的である。

あった。

∷多摩ニュータウン開発の成果

ニュータウン計画は民間主導ではなく、UR都市機構を基軸に、東京都、JKKの三者によって計画的に都市基盤の整備が進められ、良質な住環境を提供してきた。住区ごとに小中学校・保育園・幼稚園などの教育施設や、図書館・コミュニティセンター・郵便局などの公共施設、商店街などが配置されてきた。また、公園や緑地も多く、歩行者専用道路と車道が分離されるなど、高齢者や子どもに安全なまちづくりが行なわれた。

このことは住民からも評価され、居住者の8割が定住・永住志向を持っている。首都大学東京などの教育機関も多数集積し、文化スポーツ団体やNPOなどの団体も活発に活動している。

∷多摩市の人口構成

次ページの図表は多摩市全体の年齢別の人口構成の変化を示したものである。年齢は65歳以上の高齢人口、15歳から64歳の生産年齢人口、0歳から14歳の年少人口に分類してある。1970年から1995年頃までは人口が急速に増加し、一時期人口減少に転じたものの、その後は緩やかな人口増となっている。現在の人口は14

多摩市の３区分人口と人口割合の推移

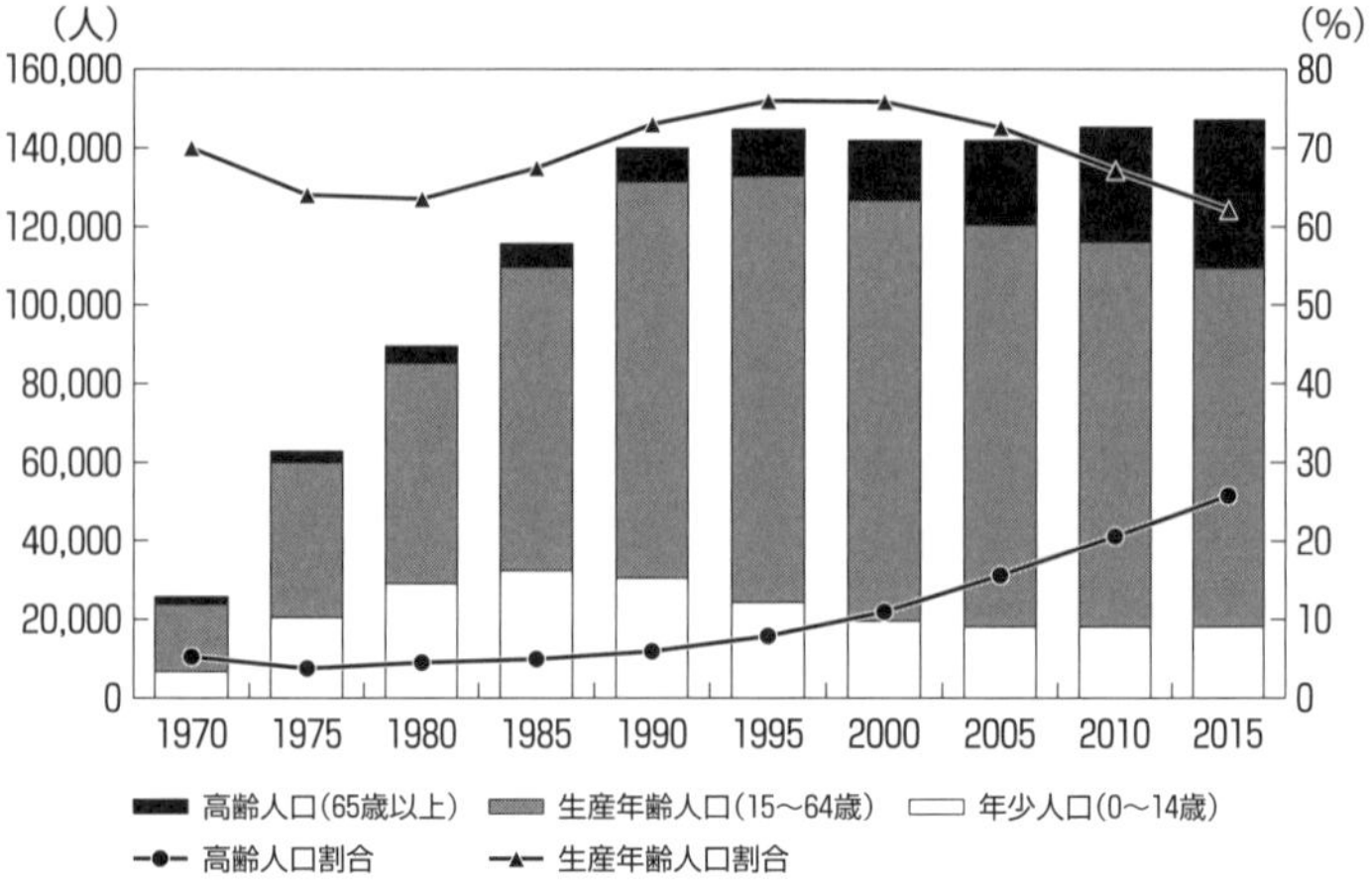

※「多摩市行財政刷新計画（平成28～31年度）」を基に作成

万5000人前後で推移している。

ただし、年齢別の人口構成を見ると、生産年齢人口と年少人口の割合が減少している一方、高齢人口は増加し、高齢化率が著しく上昇していることがわかる。

∷現在の課題

2014年に多摩市は、公共施設の見直しを発表し、多摩市の図書館を3つの拠点館に集約し、4つの地域図書館を廃止するとした。これに対して反対の運動が起こり、市長や教育委員会との折衝が持たれたが、市側は4地域図書館廃止の理由は、財政負担の軽減のためであるとしている。

このような公共施設の縮少だけでなく、高齢化が進む中、肉屋や魚屋、八百屋などがなくなったりするなど、団地内の商店街も衰退の一途をたどっている。その一方で増えているのが、高齢化を反映した福祉関連の施設や店舗である。

また急速な高齢化への対応として、高齢者が安心して暮らせる住環境の整備が課題となっている。

もともと多摩ニュータウンでは、夫婦2人と子どもが暮らせるような、エレベーターのない5階建て程度の中層階の集合住宅が主流であった。

しかし現在では、高齢の夫婦のみ、もしくは単身者の世帯が増加しており、高齢者が生活するうえでさまざまな困難が生じている。

このような中、現在ではエレベーターつきの**高層住宅**の建設も進んでおり、ニュータウンは再開発されようとしている。

33 商店街の活性化と町おこし

——地域の住民の手で活気を取り戻す！

現在、日本の各地で、閉店した店が目立ち人通りの少ない**「シャッター通り」**と呼ばれる商店街が多く見られる。特にバブルがはじけた１９９０年代半ば頃から、シャッター通り商店街が増えた。そうした状況の中で、地域住民が商店街の活性化に努め、活気を取り戻した商店街も出現している。東京都新宿区の神楽坂と埼玉県川越市の事例を紹介する。

∷地域の伝統を生かし活気を見せる神楽坂

神楽坂は、江戸時代には武家と寺社の町であったが、明治以降は商人と町人の町へと発展した。江戸城の外堀に接し、表通りに商店街、路地には旧料亭街が連なり、住居も混在している。狭い石畳の路地や黒塀《くろべい》・築地塀《ついじべい》が見られ、芸者衆が歩く、伝統芸能が息づく文化の町として活気を帯びている。

この神楽坂もバブル崩壊後の１９９０年代半ばは、土日になると人通りが途絶える寂しい商店街であった。しかしその後、住民主体のまちづくりへの努力が、商店街や町をよみがえらせてきた。

神楽坂では現在、一年中さまざまなイベントが行なわれている。7月の「神楽坂まつり」では、ほおずき市と阿波踊りが、秋の手づくり市民文化祭である「神楽坂まち飛びフェスタ」では、約80の催しが繰り広げられる。また、春の「神楽坂伝統芸能」では、雅楽、能、長唄、新内《しんない》、日本舞踊や落語などが行なわれる。このように、伝統を大切にしつつ、新しい文化も取り入れる、魅力的なまちづくりが追求されている。

∷町を守るための活動

商店会、町内会とともに、神楽坂の町おこしの担い手となっているのが、2003年に設立された、専門家を擁するNPO法人「粋なまちづくり倶楽部」だ。地権者、行政などと連携して、建物の高さ制限や、周辺環境と景観への配慮を定める「神楽坂3・4・5丁目地区計画」（2007年策定）にも貢献した。

また、神楽坂がある新宿区の主導で町会、商店会、住民などによる神楽坂「まちづくりの会」が1991年に結成されたが、その後この会は自主運営化し、まちづくりの「推進計画」「協定」を作った。人々が協力して進めている活動は、町の価値の再発見、引き出しにつながっている。

memo

ナショナルトラスト

自然環境や歴史的文化遺産が破壊されるのを防ぐために、市民などから寄付金を集めて土地や建物などを買い取り、保存・管理する運動。イギリスで始まった。

∷川越の町並みとまちづくり

川越は、江戸時代には江戸の北の守りとして築かれた城下町であった。町は南北に長い楕円形で、川越城のまわりには武家屋敷が続き、商人や職人の町も形成された。「時の鐘」を中心にした、土蔵造りの町並みを残す一番街は商人町にある。

1893年に、川越の中心部を焼きつくす大火が発生し、有力商人たちはこぞって、外壁を土壁・漆喰塗りにすることで防火性能を高めた「蔵造り」などで町を再建した。その後できあがったのが、いまに残る伝統的な町並みである。

明治から大正にかけて、鉄道駅が旧市街地の南部に建設された。現在の川越は、城下町の伝統を受け継ぎ活用することで観光的にぎわいを見せる旧市街地と、大型店舗や中高層マンションが建ち並び若者達で賑わう駅周辺の新市街地という、性格の異なる2つの中心地を持つようになった。

∷川越の地域活性化

戦災を免れ、伝統的建築物が多く残る一番街周辺では、1970年代に入ると町並み保存の気運が高まったが、実質的な動きは、1983年の「川越蔵の会」の結成からである。蔵の会は地元の商店主などの市民たちが中心となって結成された。この会は、「北部商店街の活性化による景観保存」「住民が主体となったまちづくり」及び**ナショナルトラスト**（メモ参照）を目指す「町並み保存の為の財団形成」の3

川越の町並み

つの目標を掲げた。

　1987年には一番街商店街で町並み委員会が発足し、自分たちの町を規制する「町づくり規範」が作成された。その後毎月1回、町並み委員会を開催し、多くの建物改修にかかわり、一番街の町並みを修復してきた。そのような取り組みもあり、99年には「重要伝統的建造物群保存地区」の選定が実現した。

　川越では、町屋の生活文化や居住環境を守りつつ、伝統的建築物を今日まで活用してきた。川越の町並み保存運動の特徴は、建物そのものの保存だけを目的としたのではなく、商店街を活性化することで町並みを保存しようとしたことである。

　現在では、歴史的な資源の魅力と各商店の個性ある店づくりが功を奏し、多くの来訪者で賑わっている。

　川越市観光課の資料によると、観光客数は2000年に389万人だったのが、15年には664万人となっている。

第7章

「防災」の地理

34

日本は災害列島なのか？

——自然災害と人災の違い

日本の自然は四季折々の姿を見せるが、**自然災害**の多い国である。なぜ自然災害が多いのかについて、災害が発生するメカニズムから考えてみよう。また、しばしば自然災害が人災ではないかといわれるが、どのような理由でそうなるのだろうか。

∷自然災害が多発する国、日本

自然災害を起こす原因には、地震・津波・火山噴火・台風・異常気象などがある。災害の種類には人命の喪失のほか、建物の崩壊、農作物への被害などがある。しかし、災害の原因となる自然現象は、日本では年間を通して普通に起こっているものであるといえる。

日本で自然災害が起きやすい要因を3つ挙げてみよう。

第1に、地帯構造の理由から国土全体が4つのプレートの境界に位置するため、不安定な陸地となっていることである（30ページ参照）。そのため地震が多く、火山の活動が活発である。

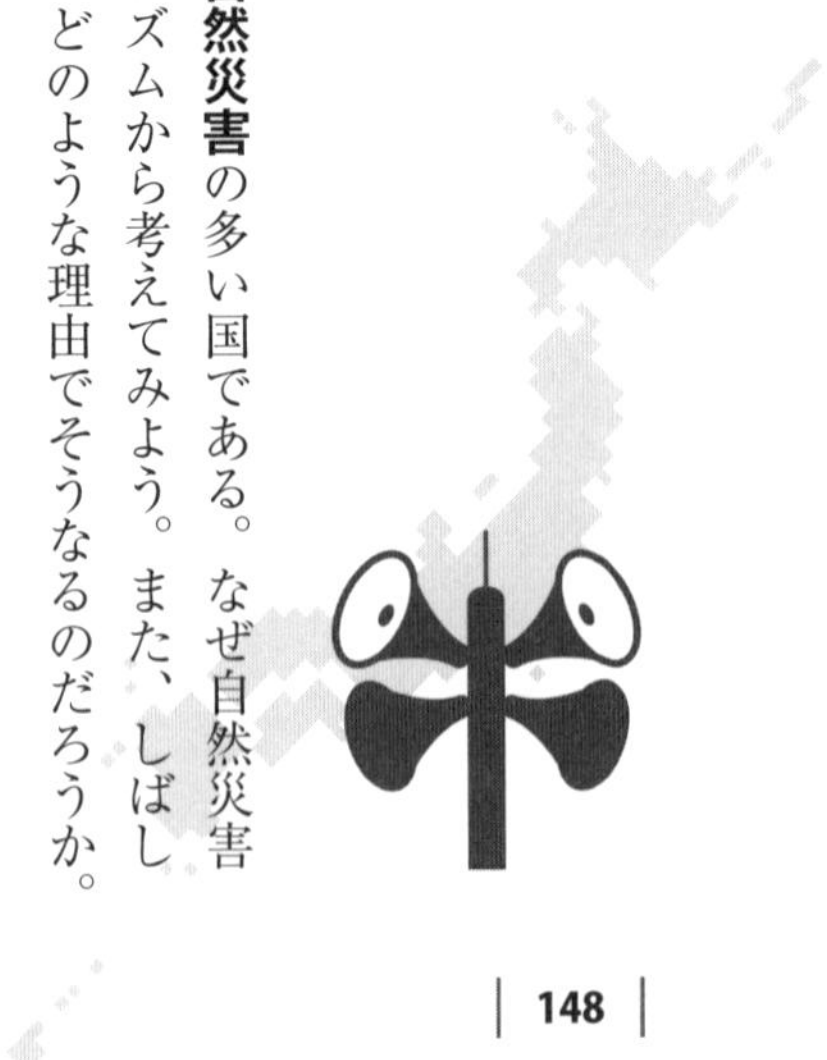

第2に、国土の75％が山地のため、河川は急勾配で短く、流域面積が狭いことである。また、急斜面と軟弱な地層が広く分布しているので、大雨による地滑りや落石などの斜面災害が起きやすい。

第3に、気候的要因として、大陸性気団と海洋性気団が集まり、梅雨や秋雨の時期を中心に、**集中豪雨**による洪水が起こりやすいことである。大型の台風の発生については、地球の温暖化が要因の1つであるともいわれているが、未解明な部分が多い。

∷火山噴火

日本列島は、世界の0・25％の広さの中に、世界の約7％を占める110の活火山がある。日本の火山には円錐形の**成層火山**（36ページ参照）が多いが、巨大な**カルデラ**（火山活動によってできた窪地）がよく見られるのが特色である。カルデラの地下100㎞付近には、大量のマグマが存在し、火山に向かって上昇している。年間800回以上も爆発的な噴火が起きている鹿児島県桜島の御岳《おんたけ》では、マグマが溜まり続けており、近い将来、大規模な噴火の恐れがあることがわかってきた。

火山活動は、噴煙や火山岩落下や火砕流によって死者が出たり、火山灰などによって作物栽培に悪影響を及ぼす。火山灰は広範囲に被害をもたらし、噴火の規模によっては1000㎞以上離れた場所にまで風に乗って飛ぶ。

たとえば、富士山で１７０７年に起きた宝永大噴火の規模の噴火が発生した場合、首都圏にも降灰が２㎝以上積もり、農業や健康面での被害が及ぶ可能性がある（次ページ図を参照）。

他方、火山活動は豊かな温泉の源になるなどプラスの面もあり、自然との共存が古くからの課題となってきた。火山噴火に備え、正確な火山観測の体制を整えることが重要である。

memo

火砕流

高温の岩塊、火山灰、軽石などが高温のガスと混合し、それらが一体となって流れる現象のこと。1991年に大規模な火砕流が発生した長崎県の雲仙岳の火砕流の熱風部の温度は約300～450℃だった。

∷自然災害と人災

災害の数や大小は自然現象だけによるものではない。

大規模な「異常な自然現象」が起こり、大被害が生じると、人びとは皆、日本の宿命であり天災であると考えがちである。しかし「異常な自然現象」が発生しても、社会の防災能力が自然の破壊力を上回れば「異常な自然現象」は単なる自然現象にとどまり、災害の要因にはならない。

しかし、社会の防災能力が不十分で、対策が遅れてしまうと、災害となって被害が出てしまう。このような災害は、**社会的災害**すなわち**人災**であるともいえるだろう。

∷防災対策での自助・共助・公助のあり方

今日、自然現象を科学的に解明し、自然現象によって起こる災害を防災したり減

富士山噴火時の降灰の可能性マップ

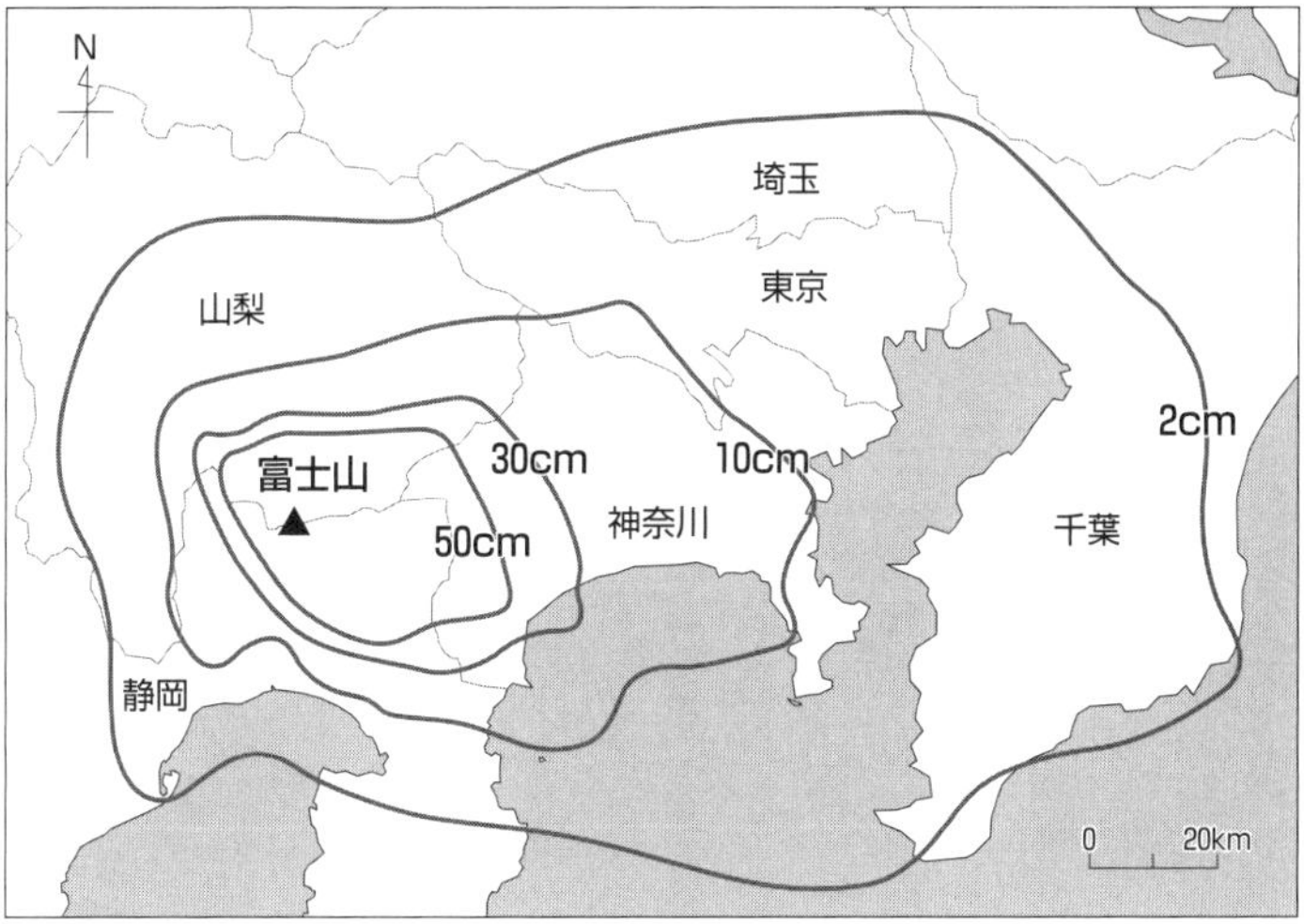

※「富士山ハザードマップ検討委員会報告書」を基に作成

災することが課題となっている。

防災対策には、自分の命を自分で守る**自助**、地域の人々の助け合いで守る**共助**、国や自治体が守る手立てを策定・援助する**公助**の3通りがある。三陸地方には「津波てんでんこ」という「津波が迫っているときは、親兄弟等にかまわず自分だけでも避難しろ」という教訓が伝わっている（32ページ参照）。たしかに、極限的な状況に直面した場合には、そのような自助が命を救う。

しかし、現代の日本で求められているのは、そのような極限的な状況を未然に防止する公助であるだろう。

災害列島の日本で目指すのは、豊かな自然を生かしながらも、災害に強い居住環境を作り、防災を考えた視点からのまちづくりである。そのようなまちづくりのためには住民自身の心がけや住民同士の助け合いの精神のほか、行政の支援も必要となる。

35

地震の種類と災害
——発生のメカニズムからたどっていく

大地震による災害は、いつ起きるかという予測は不可能で、突発的に発生し、瞬時に建物などに被害を与える。さらには津波や崖崩れ、そして火災などの大災害を引き起こすこともある。ここでは、地震の種類と特色について見てみよう。

∷繰り返される海溝型地震

31～32ページでも少し述べたが、日本で発生する地震は、発生する場所の違いによって、大きく2つに分類することができる。1つは、陸側のプレートの下に海側のプレートが沈み込む海溝付近で発生する**海溝型地震**である。もう1つは、震源域が比較的浅い部分で発生する**内陸型地震**（直下型地震）である。

海溝型地震は、**関東大震災**をもたらした１９２３年の**関東地震**、１９４４年の**東南海地震**、１９４６年の**南海地震**、そして２０１１年に**東日本大震災**をもたらした**東北地方太平洋沖地震**などがある。

これらの地震は発生場所がほぼ決まっており、数十年から数百年間隔で巨大地震

をくり返しており、津波による災害も引き起こしている。

特に大きな地震をもたらす南海トラフ沿いの東海地震と南海地震は、約100～150年間隔で繰り返されており、21世紀半ばまでに再び巨大地震が起きる確率が非常に高いといわれている。

内陸型地震と活断層

内陸型地震は、**阪神・淡路大震災**をもたらした1995年の**兵庫県南部地震**や2016年の**熊本地震**が典型で、活断層がずれをくり返すことで、地震を発生させている。

兵庫県南部地震を発生させた野島断層は、現在、淡路島の北淡震災記念公園で、その一部が保存されていて見学できる。このような活断層は淡路島から六甲山に沿って、いくつも存在していることが指摘されていた。

1970年、山陽新幹線の新神戸駅を建設しているときに駅構内で活断層（諏訪山断層）が見つかったため、断層が動いても被害が最小限になるように、断層をはさんだ岩盤上に別々に上り下りのプラットホームが建設された。しかし、このように活断層を考慮して建築物や交通幹線を建設するのは例外である。

活断層上への建築を法律で禁じている唯一の対象は、原子力発電所である。原発敷地内にある断層が活断層であるという判断をめぐっては、しばしば問題となっている。

日本では、たびたび内陸型の大地震に見まわれるため、活断層が頻繁に動いている印象を受けるが、これは日本にある活断層の数が多いためである。1つの活断層による大地震の発生間隔は数千年から数万年と非常に長く、阪神・淡路大震災が起きる以前の神戸では、たまたま1300年ほど六甲付近を震源とする地震はなかった。そのため、「関西で大きな地震は起こらない」という人々の思い込みが広がっていたが、そのようなことは全くなく、人間の歴史よりもはるかに長いサイクルで地震は繰り返しているのである。

阪神・淡路大震災後に設置された地震調査研究推進本部では、**「全国地震動予測地図」**を毎年公表している。この予測地図は、今後30年以内に強い地震の揺れに見まわれる確率を、場所ごとに色分けしたものである。東海地震や南海地震の震源に近い東海地域、紀伊半島先端部、四国の太平洋岸などは確率が高い。また、今後活動することが予測される活断層が分布する長野県中央部や琵琶湖周辺なども高くなっている。この予測地図は、地震調査研究推進本部のホームページからダウンロードすることができる。

∷土砂災害と液状化現象

東日本大震災では、各地で発生した**土砂災害**や**液状化現象**の被害も深刻だった。

福島県須賀川市のダムの決壊、白河市で起きた斜面崩壊による家屋の埋没や人的被害、宮城県仙台市西部の新興住宅地で起きた**地すべり**被害など、もし単独で発生していれば大きな注目を集めた土砂災害が多数起きている。

また、関東地方の湾岸の埋め立て地や利根川沿いでは深刻な**液状化**による被害が発生し、千葉県浦安市などでは住宅への被害のほか、地下に埋設されていた上下水道、都市ガスなどのライフラインが寸断され、長期間にわたり市民生活に大きな影響を与えた。

近年、都市化が進み、もともとあった谷や沼地、旧河道などが人工的に埋め立てられ平坦化された場所が増えている。このような場所では、地震によって盛り土の崩壊が起きやすく、もとからの自然地形上に作られた建築物よりも大きな被害が起こりやすい。土地利用の変遷を知るためには、新旧の地形図の比較が役立つ。

明治時代以降の旧版地形図や戦後から現在までの国土の変遷がわかる空中写真の画像データなども、国土地理院のホームページで検索することができる。また、自治体によっては、地盤条件を反映した液状化被害予測を、地震防災マップとして公表しているところもある。

自分の生活している土地はどのようなところなのか、普段から関心を持つことが、災害から身を守る第一歩となる。

36 台風が引き起こす災害

——大きな被害を及ぼす高潮や洪水

現在の日本の気象観測システムでは、台風の発生から移動の過程までがとらえられているので、地震や火山噴火のように不意打ちを受けることはない。しかし、台風による被害は頻繁に起きている。さらに近年は地球温暖化の影響による台風の巨大化が指摘されており、災害も増えると予想される。災害を防ぐには自分の住む地域の地理的な特徴をよく知り、早めに対策を講じることが重要となる。

∷台風がもたらす災害

台風がもたらす災害には、風災害、洪水災害、土砂災害、波浪災害、高潮災害などがある。１９５９年の**伊勢湾台風**は過去最大の台風災害をもたらした。約５０００人の死者・行方不明者の大半は、伊勢湾で発生した高さ3メートルを超える観測史上最大の高潮によるものである。この災害が契機となり、１９６１年に**災害対策基本法**が制定された。

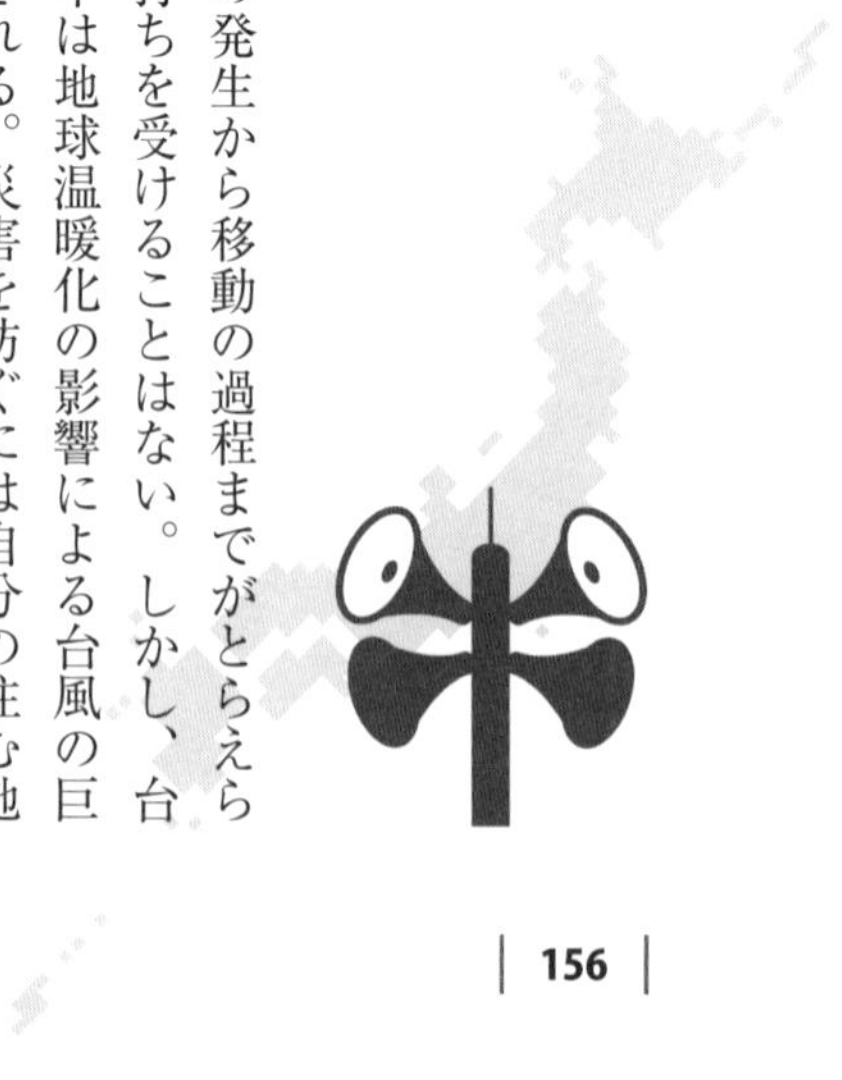

memo

巨大台風の規模

最大風速（10分間の平均）の記録は、室戸岬で観測された1965年23号台風による69.8m/s、最大瞬間風速の記録は、宮古島で観測された1966年第２宮古島台風による85.3m/sである。上陸直前の中心気圧が最も低かったのは1961年の第２室戸台風で925ヘクトパスカル、次が1959年の伊勢湾台風で926ヘクトパスカルであった。

∷高潮による災害

高潮は台風が接近したときに起こる海面が異常に上昇する現象であり、津波と同じように沿岸部に大きな被害を与える。台風の接近により、低気圧の中心付近の海面が持ち上がる**「吸い上げ効果」**と、強風が沖から海岸に向かって吹き続ける**「吹き寄せ効果」**によって起きる。特にＶ字型の湾で奥に行くほど狭まるような地形の場合は、著しく海面が上昇する。このことは津波と同様である。

さらに満潮時と重なれば広範囲に被害を及ぼす。過去約50年間に１メートル以上の高潮が発生した場所のほとんどは、東京湾、伊勢湾、大阪湾、有明海といった、遠浅で南に広がった湾の沿岸である。最近は高潮による大きな災害が起きていないので、私たちはその恐ろしさを忘れがちだが、東京、名古屋、大阪という人口密集地で起こる可能性が高いということを忘れてはならない。

∷カスリーン台風による洪水災害

近年は、河川改修によって堤防が補強され洪水の頻度は減っているが、一方で本来は住むのに適さない低地帯などにも住宅が建築されるようになった。しかし、一度洪水が河川からあふれると、低地帯に氾濫する。

そのため過去の地形や土地利用などを調べたり、国土交通省の**ハザードマップポータルサイト**などを利用して、氾濫が予測されている地域を調査しておくことが大

電柱に表示されたカスリーン台風の実績浸水深（埼玉県久喜市栗橋）

切である。

　１９４７年の**カスリーン台風**は、房総半島の南部をかすめて関東の東方海上を進んだが、本州付近に停滞していた前線の活動を活発にしたため、関東・東北地方に大雨が降り、死者１０７７人、行方不明者８５３人という大被害をもたらした。

　関東山地の総雨量は５００㎜を超え、膨大な水量が利根川に集まった。このため埼玉県久喜市の栗橋近くの堤防が３５０メートルにわたって決壊し、ここから利根川の大量の水があふれ出したため、かつてない大洪水となった。

　利根川は、現在では太平洋側に流れているが、江戸時代に人工的に河川の改修を行なったためであり、かつては東京湾に注いでいた。洪水はその元の利根川の地形に沿って、東京湾に向かって南下を続け、４日かけて東京まで達し、東京の東部低地まで広く氾濫がおよんだ。

　この大洪水による被害は、死者58人（埼玉51人、

カスリーン台風の際の被害状況

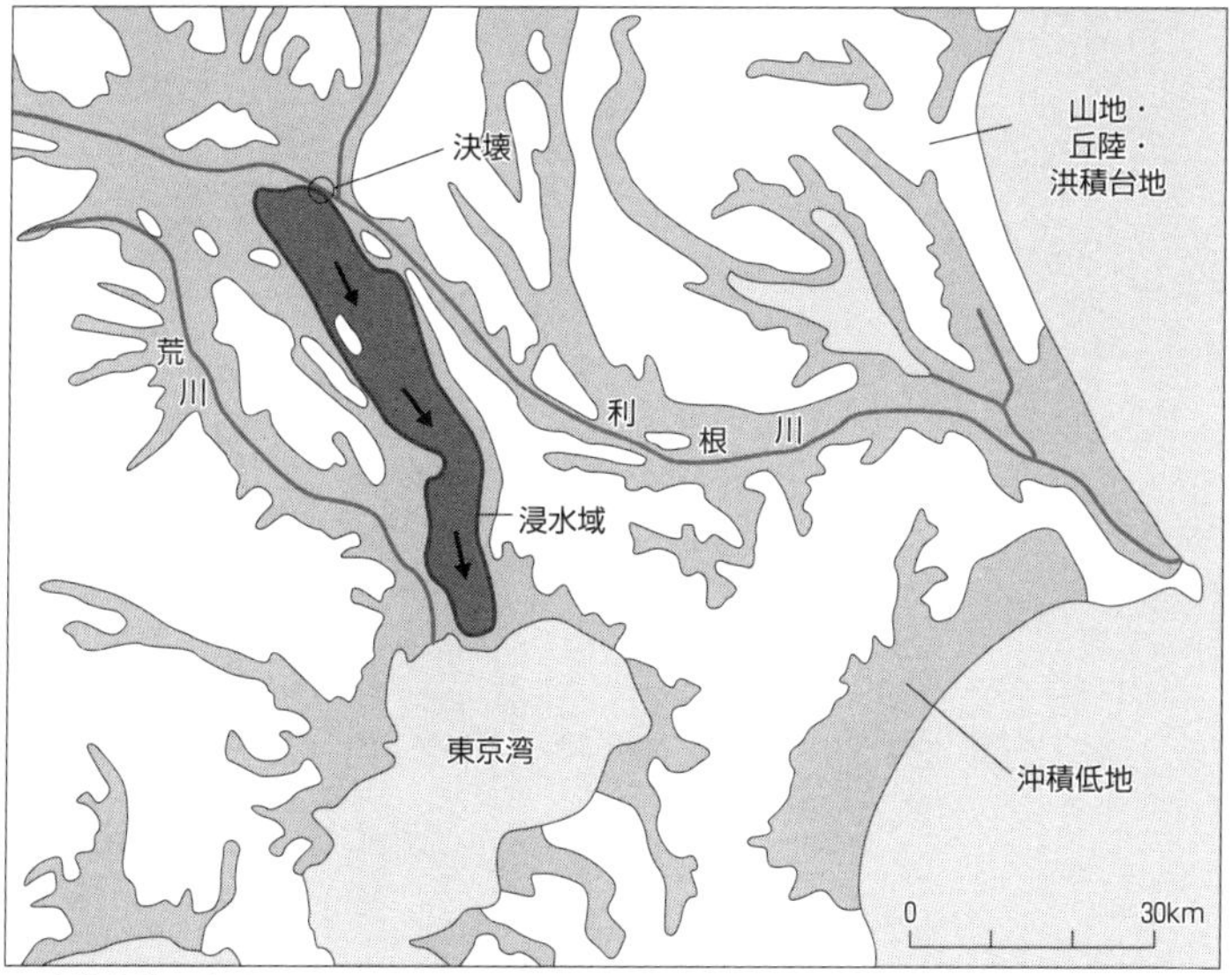

※防災科学研究所ホームページを基に作成

東京7人)、流出・全壊家屋6００戸、浸水家屋14万5５２０戸(うち東京10万5５００戸)に達している(防災科学研究所資料より)。

現在、国道4号線の利根川橋の橋げたには、カスリーン台風時の利根川の水位9・17メートルを示す線が引かれ、栗橋の町中にはこのときの洪水の実績浸水深が電柱にテープで示されていて、その高さを実感することができる(前ページ写真)。また、決壊の起きた場所は、現在はカスリーン公園(加須市)として整備されている。

当時の日本は米軍占領下であったため、この台風にアメリカ人の女性名がつけられた。

∷関東平野と洪水

2０１5年9月、台風18号から変わった低気圧に向かって南から流れ込む湿った風と、日本の東海上を北上していた台風17号の周囲から流れ込む湿った風の影響で、関東と東北で記録的な大雨となった。鬼怒川の堤防が決壊して茨城県や栃木県が大きな被害を受け、茨城県常総市では約40平方キロメートルが浸水した。

鬼怒川の東側を流れる小貝川も、これまでたびたび台風による豪雨で氾濫している。関東平野の中央部は、傾斜が緩やかで河川の水が停留しがちな地形となっており、氾濫が起きやすい地域である。

堤防がよく決壊する場所は、川の屈曲部、合流点付近、川幅が狭くなっているところ、水門の設置箇所、橋や堰《せき》の上流などである。

被害を最小限に抑えるためにも、日常からこういった河川の地形について注意しておくことが大切であろう。

37 東日本大震災から学ぶ

——記憶を伝えていくための試み

２０１１年3月11日に起きた東日本大震災は、大津波や原発事故などにより甚大な被害をもたらした。直接死と行方不明者は、岩手県５７９７人、宮城県１万７７７人、福島県１８１０人で、全国では合計１万８４５５人になる。

∷地震の記憶を後世に伝える

岩手県宮古市の重茂《おもえ》半島姉吉《あねよし》にある**大津浪記念碑**には、「此処より下に家を建てるな」といういましめが彫られている。これは、１９３３年の昭和三陸地震による津波の後に建てられたものであり、事実、東日本大震災のときには、津波はこの碑の手前で退いていった。この話題は広く知られることになり、被災地では被害の記録を次世代に残す取り組みが広がっている。

宮城県女川《おながわ》町の女川中学校では、生徒たちの募金活動を基に、21カ所の高台に「女川いのちの石碑」を建立している。そこには「千年後の命を守るために」という副題とともに、以下のようなメッセージが刻まれている。

「ここは、津波が到達した地点なので、絶対に移動させないでください。もし、大きな地震が来たら、この石碑よりも上に逃げてください」

∷東日本大震災後の津波対策

震災後、被災地では3つの大きな復興事業が進められている。それは「土地のかさ上げ」「高台移転」「防潮堤」である。最初に防潮堤の高さが決められると、必要な土砂の量や高台移転の規模が定まり、造成地における道路、公共施設、災害公営住宅等の復興計画が作成されていく。

国は、数十年から百数十年に一度の津波（レベル1津波）、数百年から千年に一度の津波（レベル2津波）のうち、国民の生命と財産を守るとしてレベル1津波に対応した防潮堤建設を目指し、レベル2津波には避難により生命を守ることにした。その結果、岩手県から福島県までの沿岸に**巨大防潮堤**が建設されることになった。

岩手県宮古市田老《たろう》では、防災の象徴だった高さ約10メートルの防潮堤が津波で破壊され、油断して逃げ遅れた人が犠牲となった。震災前に田老地区全戸に配布された防災だよりには、「防潮堤は逃げる間の時間稼ぎ」「地震が来たらすぐ避難」と書かれていたものの、被害を完全に防ぐことはできなかった。

震災後、田老地区では新たに海側の防潮堤を14・7メートルの高さに増強し、土地のかさ上げと高台移転による復興事業を進めている。

memo

複合災害

後から起きる災害の被害が、それ以前に起きた災害の被害と同程度か、より大きい場合のことを指す。地震のあとに大津波と、原子力発電所の事故が重なった東日本大震災も複合災害である。

その一方、最も犠牲者率が高かった宮城県女川町では、復興計画の作成にあたり、津波に弱い町であることを認識することから始めた。町は「海とともに生きる」復興を目指し、海が見えなくなる巨大防潮堤を造らず、津波が来る前に高台に避難するという、**「減災」**に基づく復興まちづくり案を選択した。

∷原発事故による住民避難と帰還政策

福島第一原子力発電所は地震動と津波による電源喪失で**炉心溶解（メルトダウン）**を起こした。水素ガスの爆発によって原子炉建屋、タービン建屋が大破し、大量の放射性物質が放出された。

政府は2011年4月22日に、原発から半径20㎞の範囲を警戒区域に設定し、立ち入り禁止とした。同時に、年間被ばく量が20ミリシーベルトを超える地域に避難指示を出した。この地域住民は**強制避難者**となったが、避難指示区域の外側からも数万人が日本全国に避難をした。この人たちは**自主避難者**（区域外避難者）と呼ばれる。

福島第一原発事故後の避難者数は、2012年5月の約16万4000人をピークに減少するが、いまなお、多くの避難者がいる状況である。

政府は除染によって放射線量が低くなった区域から順次、避難指示を解除し、住民の帰還を進めているが、戻ってくるのは高齢者が多く、若い世代の帰還は少ない。

（上）女川いのちの石碑（宮城県女川町）、（下）帰還困難区域の中を通る国道６号線沿いのフェンス（福島県大熊町・2016年３月12日撮影）

このように、東日本大震災からの復興には、まだ多数の課題が残されているのが現状である。

第8章

「環境」の地理

38 日本のラムサール条約湿地

——水鳥が集う湿地が登録される

　日本には、海岸線のみならず内陸にも多くの水辺があり、そこに水鳥たちが集う。そのような水辺の中でも特に重要なものは**ラムサール条約湿地**として登録されている。

∷ラムサール条約とは

　ラムサール条約とは１９７１年に、イランのラムサールで採択された湿地に関する条約で、正式名称は「特に水鳥の生息地として国際的に重要な湿地に関する条約」という。２０１６年２月現在で１６９カ国が加入しており、２０００を超える湿地が登録されている。日本は１９８０年に加入して、その際に最初に登録されたのが**釧路湿原**であった。その後、条約湿地は増加して、２０１６年９月時点で50カ所に及んでいる。

　条約湿地には天然のものだけではなく、人工的なものも含まれる。淡水か汽水か、または鹹水《かんすい》（塩水）であるかも問わない。そのため、湿原・湖沼・河川・干潟・た

湿地のタイプ

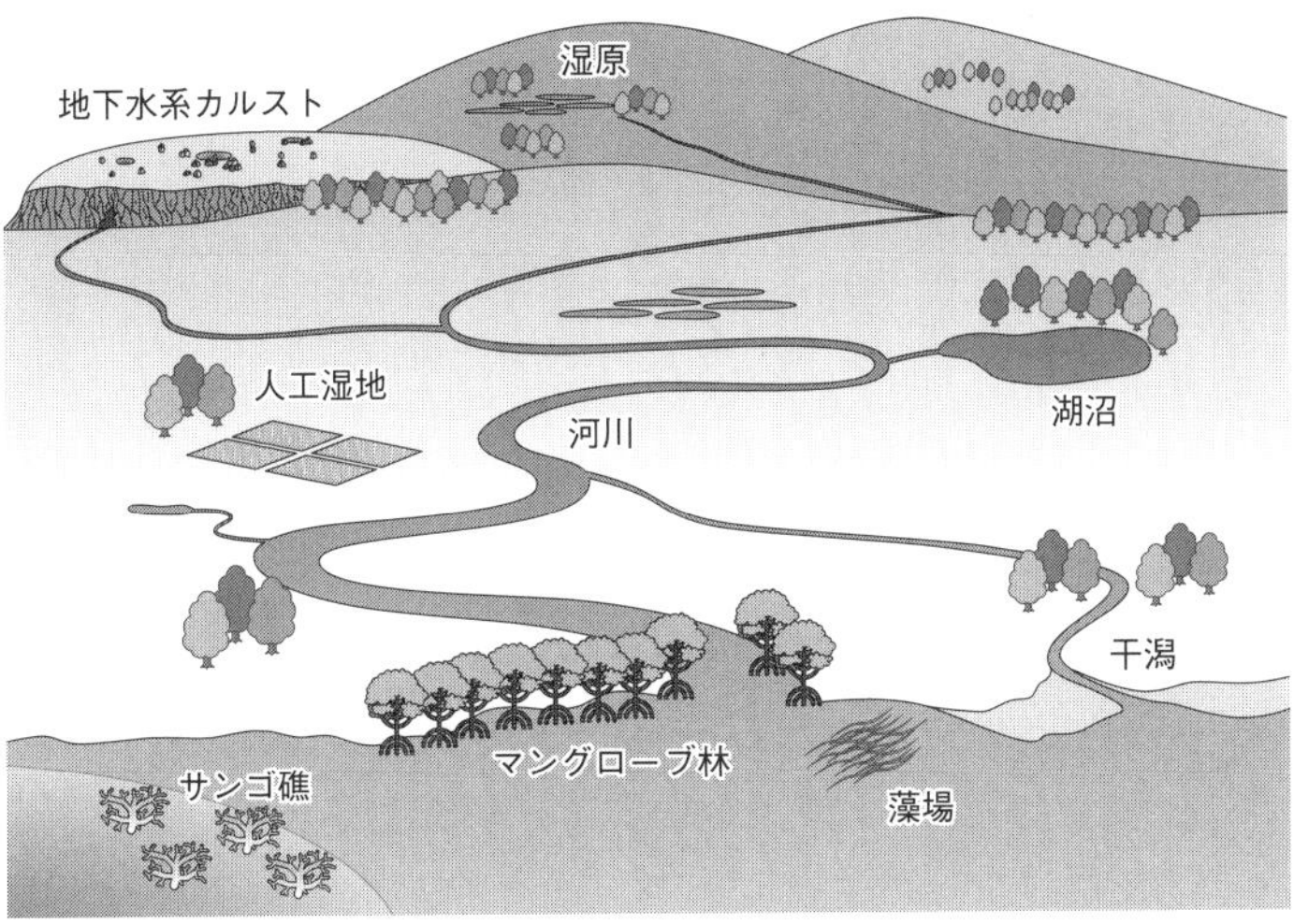

※環境省自然環境局ホームページを基に作成

め池・水田など、さまざまな水辺がその対象となっている。なお海域については水深6メートルを超えないことが条件となる。

∷ワイズユースの思想

条約を支える3つの柱が「保全・再生」、「ワイズユース」（wise use＝賢明な利用）、「交流・学習」である。生物多様性のみならず、暮らしにも深くかかわる水辺を守り、賢く利用する。そして、それを実現するために関係する人たちを結びつけて、学び合う。

この条約は採択当時から画期的と評されてきた。その理由は、1970年代に採択された古い条約にもかかわらず、湿地の保全のみならず、**ワイズユース**を重要視しているためである。

∷水田も条約湿地に

兵庫県豊岡市の**「円山川《まるやまがわ》下流域・周辺水田」**は、

memo

生物多様性

地球上には、3000万種ともいわれる多様な生物がいる。その多様性の保全に全世界で取り組むために1992年に生物多様性条約が採択され、1993年に発効した。生物多様性には「生態系の多様性」「種の多様性」「遺伝子の多様性」の３つのレベルがある。

２０１２年にラムサール条約湿地に登録された。この地域ではコウノトリの野生復帰を目指して、さまざまな取り組みが行なわれている。水田では魚や昆虫など、コウノトリの餌も育むことができるような農法を採択することで、収穫された米はブランド米となっている。ここでは自然に手を入れたり、経済活動を組み合わせながら湿地のワイズユースが模索されている。

このように、近年では単に湿地を守る対象とするのではなく、地域住民による湿地を生かしたさまざまな取り組みにより、地域の活性化を進めていくという動きが主流となっている。

農業との共生を目指して

北海道美唄《びばい》市の**宮島沼**は、41ヘクタールほどの小さな沼で、石狩川の氾濫原に位置している。５万羽を超えるマガン（真雁）の渡りの中継地として、２００２年に登録された。

かつての宮島沼は鳥獣保護区ではなかったため、鳥獣駆除の際などに使われる散弾銃の鉛汚染が広がった。また、以前はマガンは主に収穫後の稲の落ち穂を食べていたが、減反政策（77ページ参照）によって、稲作から小麦などの畑作へと栽培作物が変化するにつれ、小麦の食害問題が顕在化するようになった。いうなれば、マガンは地元農家の厄介者という位置づけでもあった。マガンの飛来数の増加に伴っ

日本のラムサール条約湿地

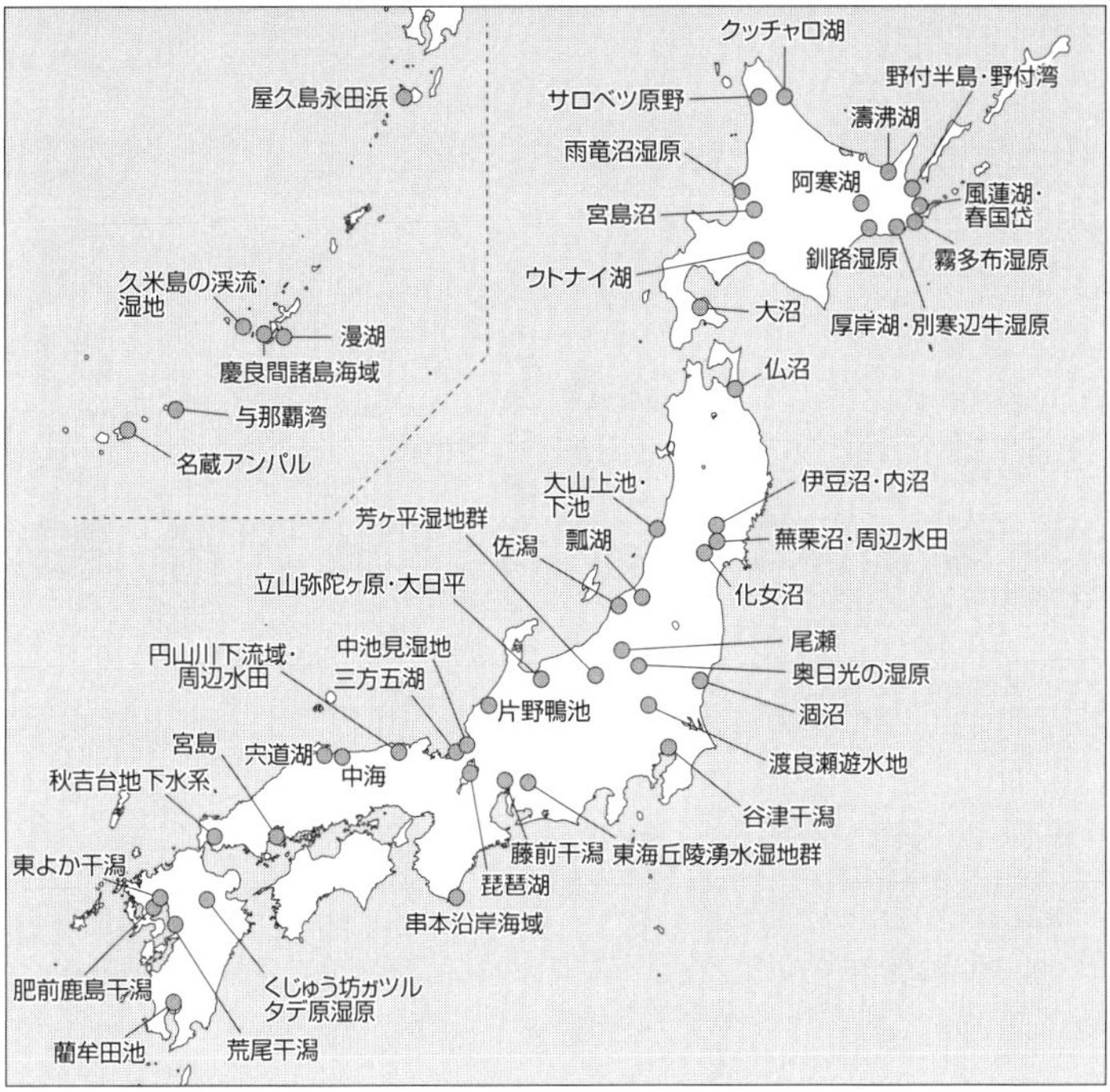

※環境省自然環境局ホームページを基に作成　2016年９月時点

て、水質の悪化も懸念された。

そこで、登録に先がけ美唄市と市民団体の共同で「宮島沼保全活用計画」を策定し、「自然」「農業」「観光」「人・教育」という4つの軸を基に、宮島沼の保全とワイズユースの推進を目指している。

特に、宮島沼周辺の農業地域との共生の視点から、農業分野におけるワイズユースを重視して、環境の保持に努めている。

39 干潟の保全
——さまざまな生物の「揺りかご」を守る

かつて各地の河口や海岸に見られた干潟は、埋め立てなどにより急速に姿を消した。近年は、その重要性が見直され、各地で保全のための取り組みが見られる。

∷環境保全の思想

環境保全の必要性が広く認識されるようになったのは、高度経済成長期に多くの人びとや地域を苦しめた公害がきっかけであった。それまでの開発優先の論理の見直しが求められ、環境保全の考えが浸透していった。そのような流れの中で、1971年に**環境庁**が設置された。

かつては開発と環境というのは両立しない概念のようにとらえられていることもあった。しかし現在では**「持続可能な開発」**という言葉が定着しており、教育の世界でも**「ESD」**（Education for Sustainable Development = 持続可能な開発のための教育）という概念が初等教育から高等教育まで共通するキーワードになっている。

名古屋市にある藤前干潟

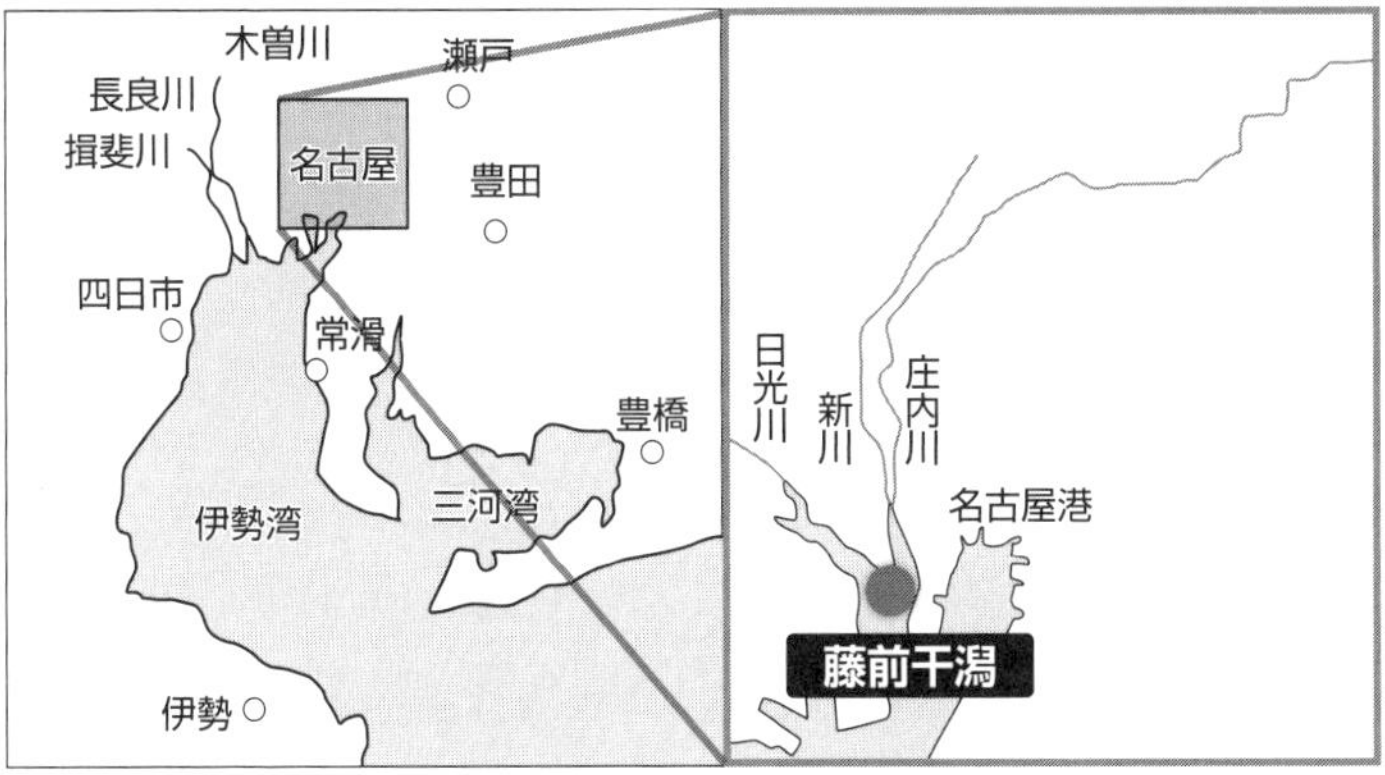

※名古屋市ホームページを基に作成

干潟はさまざまな生物が生息する「揺りかご」であり、生物多様性の面からも極めて重要な意味を持つ。そして干潟は自然の浄化装置でもある。

なお、ここで紹介する藤前干潟も荒尾干潟もラムサール条約の登録湿地となっている。前項でも述べたように、条約で重視されているのは、湿地の賢明な利用（**ワイズユース**）である。

∷市民運動で干潟を守る―藤前干潟―

愛知県名古屋市の南西に位置する**藤前干潟**は、伊勢湾最奥部の、庄内川、新川、日光川が合流する河口部に位置しており、潮が最も引いたときには、２３８ヘクタールにも及ぶ干潟が現れる。

ここは１９６４年に埋め立てが計画された。当初は埠頭として利用する予定であったが、１９８１年には廃棄物処分地に埋め立ての目的が変更された。

市民団体が中心になった干潟を守る運動は１９８０年代後半から始まり、行政の最終判断により１９９９年に藤前干潟

memo

干潟

干潮時に干上がり、満潮時に海面下に水没するエリアで、砂質や砂泥質の浅場が広がる場所のこと。干潟のほとんどは潮位差が大きい本州太平洋岸（東北を除く）や、四国、九州に分布している。干潟は生物多様性の保全や水質の浄化だけでなく、環境教育の場としても重要な役割を果たしている。

の埋め立て計画は中止になった。

２００２年11月にはラムサール条約に登録された。名古屋市では、市民一人ひとりが生活のあり方を見直した。２年で約３割のゴミを削減して、藤前干潟の埋め立てを中止した行政の判断を後押しした。現在でもＮＰＯと行政が協力して、干潟の保全とワイズユースを模索している。

漁業との共生を目指して―荒尾干潟―

荒尾干潟は有明海の中央部東側に位置し、面積が１６５６ヘクタールあり、単一の干潟としては国内有数の広さである。渡り鳥の生息地として重要な場所であり、２０１２年７月にラムサール条約に登録された。

ここに暮らす人たちは荒尾干潟を「宝の海」と呼び、古くからアサリ漁やアナジャコ釣りなどがさかんに行なわれてきた。かつてに較べてアサリなどの漁獲量は減少したものの、現在でも「海の畑」として地元の人々の暮らしを支えている。

漁協では、干潟環境を改善するために、毎年２月と７月にトラクターで干潟を「耕す」作業を行なっている。干潟の砂地を掘り返すことで、底質中に酸素を行きわたらせ、特産のアサリを育てるのが目的である。

このような生物多様性を育む漁業を通じて、健全な干潟の環境を将来に引き継ぐことは、干潟の保全にとって重要である。このような干潟と共生する漁業を中心とした地域の人々のいとなみそのものが、ワイズユースの事例として評価されている。

∷人間と干潟のつき合いを考える

両方の干潟に共通するのは、自然を手つかずのまま保護するという発想ではなく、人間のいとなみの中でこれからの干潟のあるべき姿を描いていこうという視点だろう。

これからはその地域に住む人びとの生活にも目を向け、いかにして環境に対して人間活動が持続可能な形でアプローチしていくのか、追求していくことが求められている。

40 ダムの利用と環境問題
——利根川水系の事例から考える

利根川は東京・埼玉・千葉・茨城の各都県約１１００万人に上水道用水を供給する。供給体系が整備されたのは１９６４年の東京オリンピック以後である。その水の利用と環境問題について考えてみよう。

∷利根川からの東京水道水

現在、東京都の水は、約８割が利根川および荒川水系、残りの２割が多摩川水系から取水されている。

１９６４年の東京オリンピック当時は、東京南部を流れる多摩川が東京の水道水の60～70％を供給していた。しかし、東京では水不足が続き**「東京砂漠」**といわれる状態であった。そのため、取水の中心となる河川を、多摩川から関東平野を北から東へ流れる日本最大級の河川である、利根川へと変えていった。

利根川上流には数多くのダムが建設されている（176ページ地図を参照）。それぞれのダムは利用先と目的が決まっている。東京都の主な水道用水の取水用ダムは矢

memo

多目的ダム

主な役割は洪水調節に置かれるが、ダムの貯水を利用して発電し、用水確保も目的とする。だが、洪水防止としてはダムが空であること、発電・用水確保としては満水であることが要望され、相反する。

木沢ダム、下久保ダム、草木ダムの3つで、そのほか、奈良俣ダム・藤原ダム・薗原ダム・相俣ダムが加わる。

∷利根大堰と秋ヶ瀬取水堰

利根川の水は、利根川の河口から154km、埼玉県と群馬県の県境に位置する利根大堰で取水される。

利根大堰の完成は1968年。取水量は毎秒137トンと日本最大で、水道用水のほか、農業・工業用水、浄化用水も取水している。

利根大堰から取水された水は、武蔵水路と呼ばれる導水路によって、埼玉県鴻巣市で荒川に流れ込む。武蔵水路の長さは14・5km、水深2・5メートルで、毎秒50トンの通水能力を持つ。

荒川への注水口の下流には、秋ヶ瀬取水堰（志木市）があり、水はここで、東京都の場合は朝霞水路（暗渠）を通って東京都水道局の朝霞浄水場（一部は東村山浄水場）に送水される。朝霞浄水場は東京都最大の浄水場で、1日の処理能力170万トン、都の水道水消費量の約3割を占めている。

なお、朝霞水路の残水は川越方面から流れる新河岸川に入り、北区赤羽で隅田川に合流し、隅田川の稀釈水＝浄化水になる。利根川の水は、隅田川の水質改善も担っている。

利根川流域の主なダム

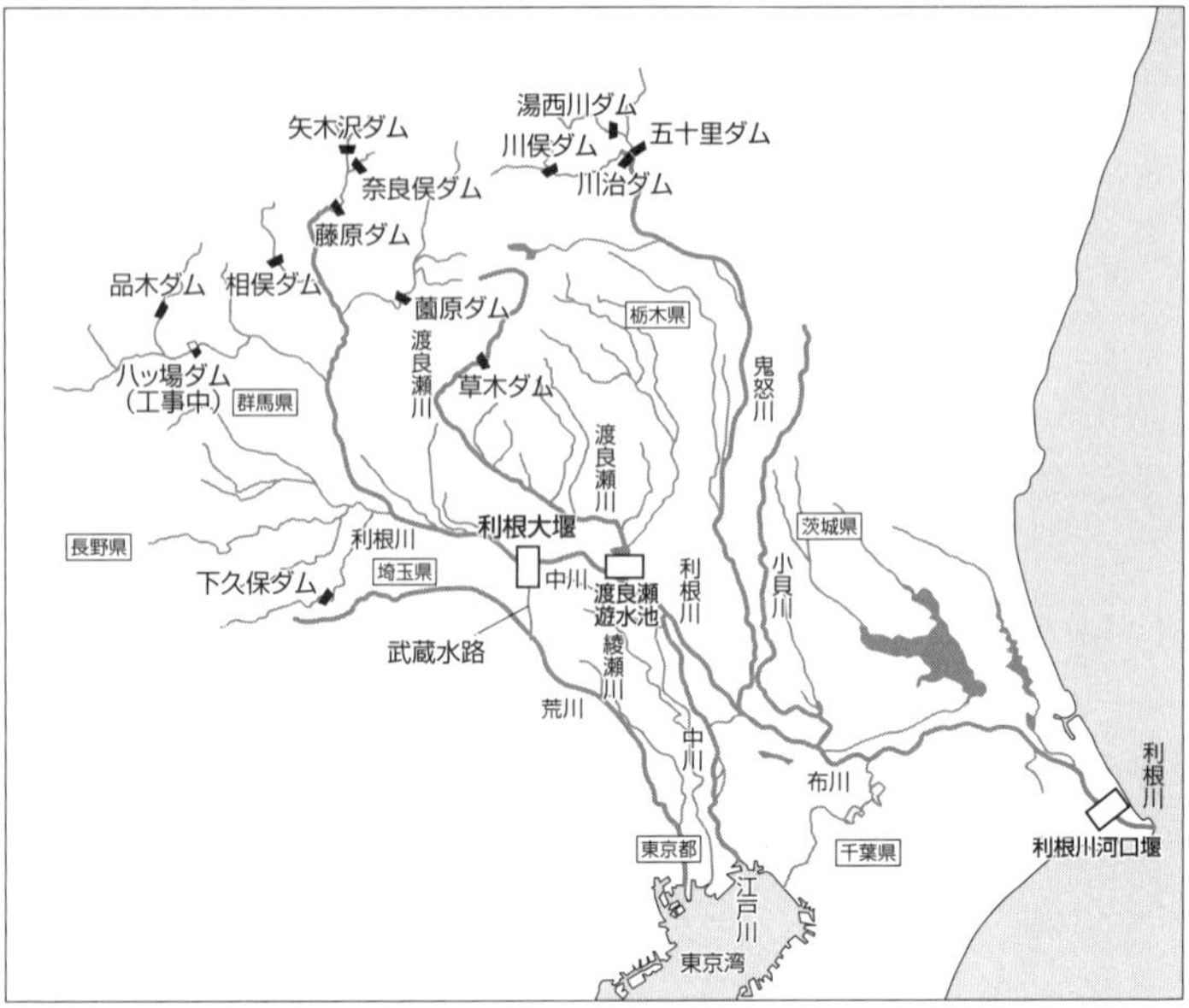

※利根川ダム総合管理事務所ホームページを基に作成

ダムと環境

ダムは水の安定供給や発電などの役割を担っている一方、建設すると環境への負担が非常に大きいため、日本の各地でダム建設反対運動が展開されてきた。

国土交通省も市民の動向と水需要の減少を受け、全国７水系の新規ダム計画を断念している。利根川水系では群馬県片品村に建設していた**戸倉ダム**を中止した。だが、中断されていた**八ツ場《やんば》ダム**は工事が再開されている。八ツ場ダムは１９４９年に構想され、建設途中に度重なる反対運動が起きている。

ダム建設予定地は例外なく、森林、貴重な地形、水系、動植物などが一体化した環境を形成している。ダムができると家屋や田畑、温泉施設などが沈んでしまうこともあり、農林業、観光などの住民の生業を奪

利根大堰

うことにもなる。
　また、ダム自体は時間が経つと土砂が堆積し、貯水量が減少する。一方、ダムの下流の河川では、土砂が流れてこないために川底が低下し、農業用水などの取水が困難になったり、生態系が変わってしまうこともある。

41 ヒートアイランド現象

――なぜ、都心部の気温は高くなるのか？

都市中心部の気温が周辺部よりも高い状態のことを、**ヒートアイランド**（熱の島）現象という。ヒートアイランドの状態になる原因と緩和する対策を考えてみよう。

∷なぜ、ヒートアイランド現象が起こるのか？

ヒートアイランドという名称は、気温の分布図を描いたとき、都市を取り囲む等温線の様子が地形図の島のような形になることからつけられたものである。

すでに19世紀中頃より、ヨーロッパでは都市中心部の気温が周辺部より高温になる現象が着目されていた。日本でも第二次世界大戦前に、都市中心部は周辺部に較べて5℃程度、気温が高いという報告がある。

ヒートアイランドの主な要因は3つある。

1つ目は、緑地や水面の減少といった、土地利用の変化である。都市中心部では、地表面がアスファルトやコンクリートで覆われ、水分の蒸発が少なく、熱が奪われないため気温が上昇する。

ヒートアイランドの影響による平均気温の上昇

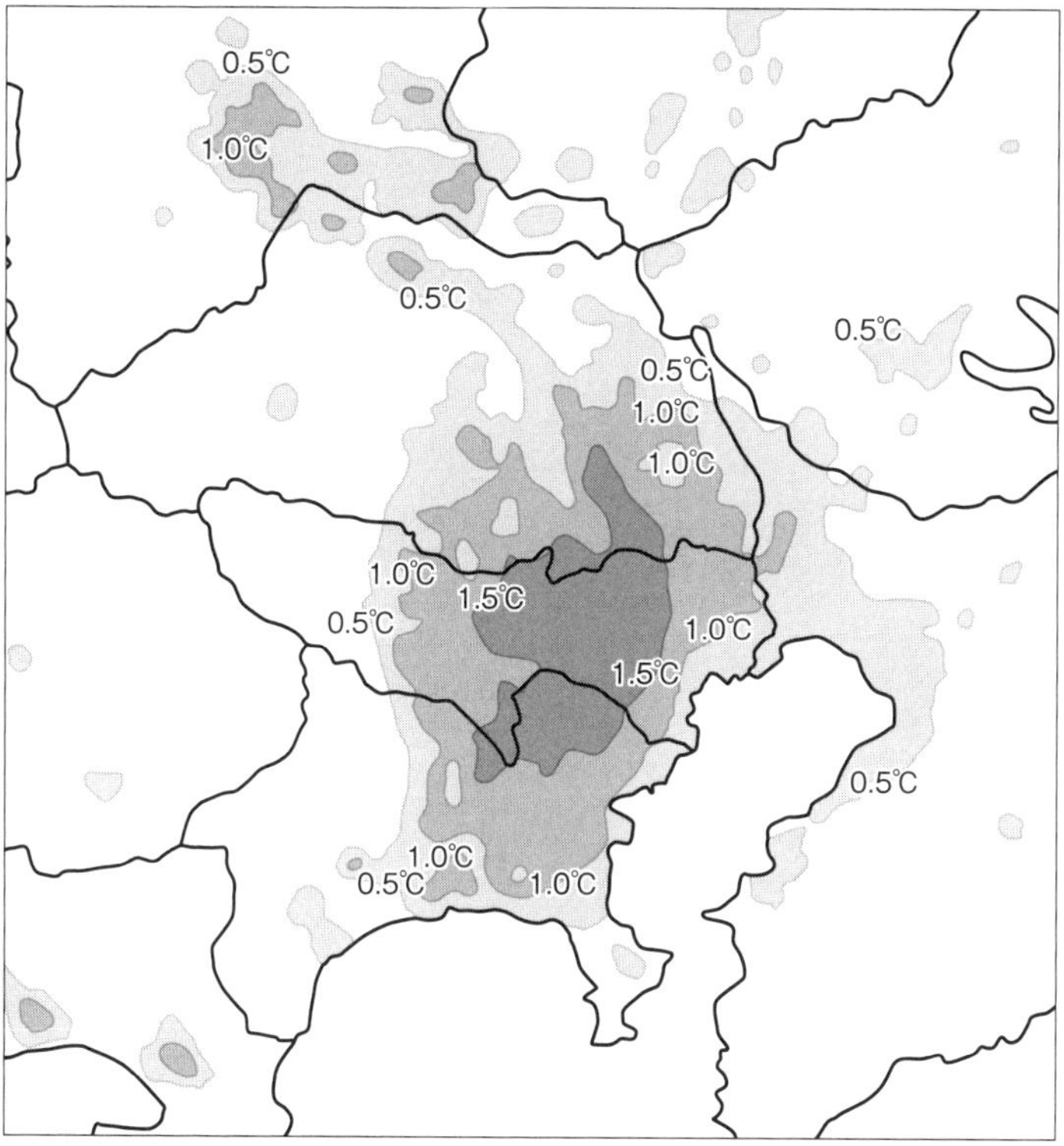

※気象庁発表資料を基に作成　2015年８月のデータ

一方、郊外では水田、森林などが存在することによって、水分が蒸発し、熱が奪われる。結果として、地表面から大気へと移る熱が少なくなり、気温の上昇が抑えられている。都市内部でも、公園など森林や水面が多い場所は、周囲より気温が低下している。このような地域を、**クールアイランド**という。

２つ目は、人間が生活することによって生じる人工排熱の影響である。エアコンや自動車などの排気熱は、局地的な高温の要因になると考えられている。この傾向は、特に人口集中地域で顕著となる。

３つ目は、建築物の高密度化及び高層化などによる影響である。コンクリートの建築物は「暖まりやすく冷えにくい」という性質を持っており、日中に蓄えられた熱が夜間まで保たれ、気温の低下を妨げている。さらに沿岸地域に高層ビル群が立ち並ぶことなどによって、海からの冷涼な風が入りにくくなり、熱が都市内部に滞留することにつながっている。

前ページの図は、気象庁が都市気候モデルの解析を行なったもので、関東地方において２０１５年8月の平均気温が上昇した地域を地図上に示したものであるが、これを見ると、ヒートアイランドの傾向がはっきりと理解できるだろう。

気温が上昇している地域が若干、内陸寄りに分布している要因としては、「沿岸部は海風によって冷やされること」「都市化の影響によって海風の内陸への流入が弱められること」などが指摘されている。

∷ヒートアイランドとゲリラ豪雨の関連性

最近、マスコミ等で**「ゲリラ豪雨」**という言葉が使われるようになった。いわゆるバケツをひっくり返したような雨である。これらの集中豪雨に関して、ヒートアイランドの影響が指摘されることもある。しかし、降水量や、最大1時間降水量といった数値が長期的に変化しているという傾向は、多くの都市では見られていない。今後のさらなる研究が必要であるが、ヒートアイランドと集中豪雨については、一部の条件下を除いては現在のところ明確な関連性はないというのが、気象庁や多くの気象学者の見解である。

また、地球規模での温暖化も叫ばれているが、都市部で高温になる状態は、このような気候変動とは異なる現象である。

∷緩和に向けた新たな取り組み──「風の道」と「打ち水」

ヒートアイランドへの対策として、都市を流れる風の流れを良くすることで暑さを緩和させる、**「風の道」**を作ろうとする動きがある。道幅の広い道路を直線的に作り、そこを風の通り道にしようとするものである。東京都では港湾局が中心となり、お台場、晴海、築地、皇居、新宿御苑、明治神宮をつなぎ、風の通り道を作る目標を掲げている。ただし問題点として、内陸部に行くにつれ空気が加熱・汚染されていくとの指摘が挙げられている。

江戸時代に行なわれていた**打ち水**がヒートアイランドの抑制に効果的であるとの報告もある。打ち水をすることにより、水が蒸発する際に熱が奪われ（気化熱）、最大で2・5℃程度気温が低下するとされている。国土交通省や環境省の呼びかけもあり、２００３年からは「打ち水大作戦」と称する打ち水を普及させる運動が、各地で展開されている。

ただし、いずれの取り組みも始まったばかりであり、評価は定まっていない。

42

森は海の恋人運動

——豊かな海を取り戻すため、山に木を植える

海の環境と森の環境は、一見するとつながりがないように思われる。しかし、森からの養分が川を通じて海に流れ込むことで、貝や魚などが育つ土壌ができる。海と森のつながりを取り戻そうという取り組みについて、見てみよう。

∷環境汚染が進んでいた三陸の海

毎年、6月の第1日曜日、岩手県一関市の矢越山には大漁旗がたなびき、「森は海の恋人植樹祭」が開かれる。主催者は宮城県気仙沼市の「牡蠣の森を慕う会」（代表・畠山重篤氏）である。山に大漁旗とは意外な光景であるが、それは森に対する漁民の感謝の思いの表れである。

かつての三陸の海は豊かだった。牡蠣やホタテは、種苗を海に入れておけば、大きく育ち、海中を覗けば、メバル、ボラ、スズキ、ウナギなどが群れを作っているのが見えた。ところが１９７０年代になると目に見えて海が汚れ、赤潮が発生し、牡蠣の成長が悪くなってきた。

気仙沼湾と大川

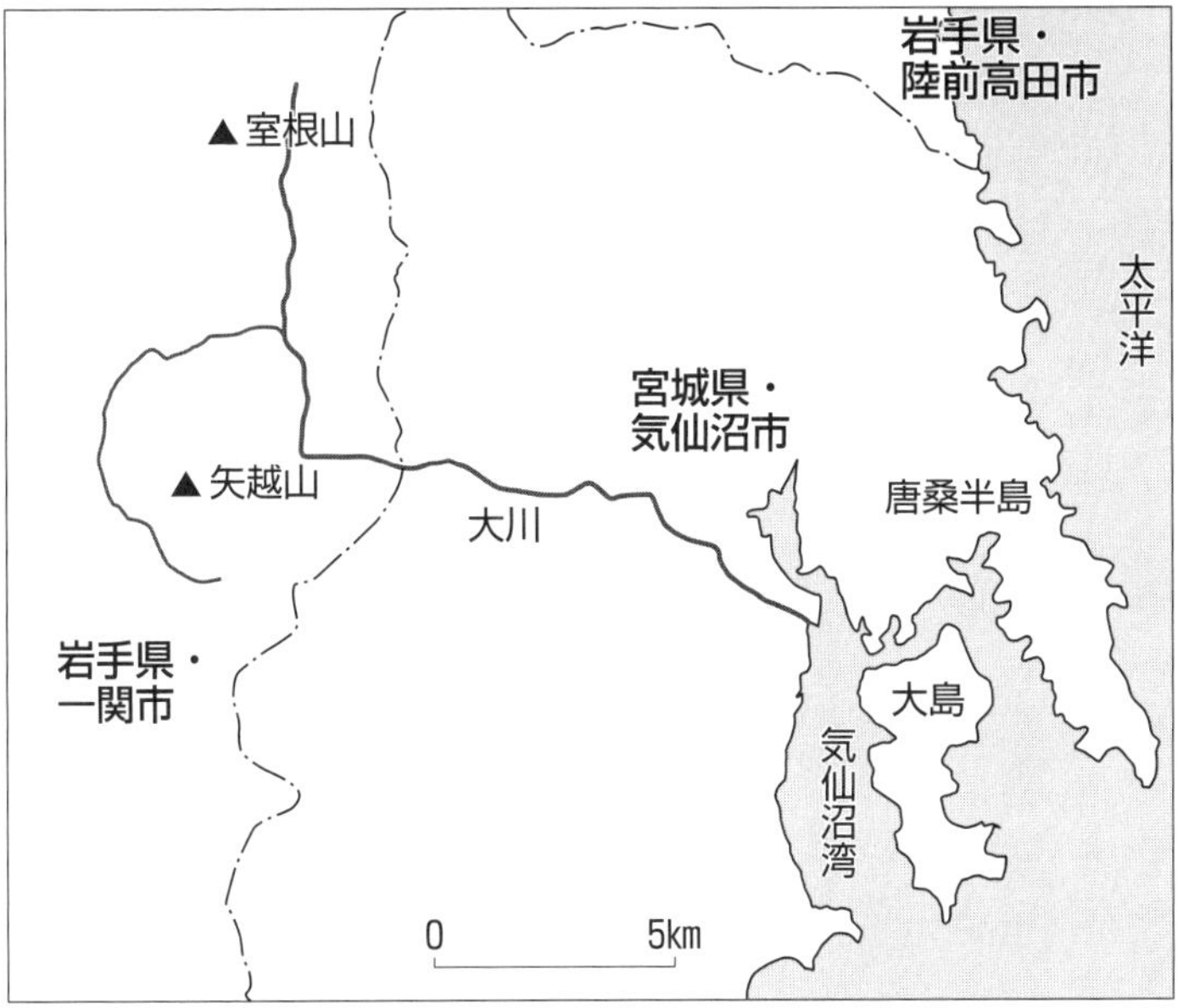

またその頃、気仙沼湾の命運を決定づける巨大プロジェクトが動き出そうとしていた。気仙沼湾に注ぐ大川の河口から、８㎞上流の地点に計画されていた新月ダムの建設である。川や海の汚染が進んでいるうえに、ダムが建設されれば、環境破壊がさらに進み、気仙沼湾での生活は成り立たなくなる。

赤潮にまみれた海を青い海に取り戻したい、と環境を回復させる手段として考えたのが、山に落葉樹の木を植えることであった。落葉樹の落ち葉が養分豊富な土となり、それが川を通じて海に注ぐからだ。

∷漁師が山に木を植える

こうして、大川源流の室根山に、落葉広葉樹の森が作られることになった。これが「森は海の恋人運動」である。なお、この名称の由来は、気仙沼市在住の歌人である熊谷龍子

memo

川と海のつながり

牡蠣が豊かに育つ海は、世界中どこでも、川が流れ込んでいる汽水域（川の水と海の水が混じりあった海）である。川の上流の森が、海の生物に必要な鉄などの養分を作る工場のような役割を果たす。

氏の歌「森は海を海は森を恋いながら　悠久よりの愛紡ぎゆく」からとられている。

１９８９年に第1回植樹祭が室根山で行なわれ、慣れない手つきで漁師たちが木を植えた。以降、１９９３年からは、植樹祭の会場を矢越山に移して、現在にまで至っている。

こうした取り組みの結果、牡蠣の成長も回復し、長い間姿を消していたウナギが川に戻り始め、メバル、タツノオトシゴなども姿を見せるようになった。また、「森は海の恋人」という呼びかけに呼応するように、運動は全国に広がった。

∷東日本大震災からの復興

２０１１年3月には、東日本大震災が三陸地方を襲った。気仙沼にも20メートル近い津波が押し寄せ、養殖場では、牡蠣やホタテが口を開けた無残な姿をさらした。

しかし、震災の1カ月後からは全国から集まったボランティアとともに養殖再開に動き出し、地元の杉で牡蠣やホタテの養殖いかだを作り、収穫を目指した。

復興の支援は海外からも届き、フランスからは、義援金のほか、漁業団体から大量の養殖資材が送られてきた。これらの支援は、１９７０年と90年に、フランスの牡蠣にウイルス性の病気が発生した際、日本の宮城県産の牡蠣の種苗が、危機を救ってくれたことへの恩返しだという。

43

水俣病を後世に伝える
――いまも続く公害の被害

水俣病が報告されたのは１９５６年、いまから60年以上も前のことである。公害病として世界に知られる水俣病はなぜ起こり、日本社会にどのような影響を与えたのだろうか。

∷企業城下町・水俣

現在は第三セクターとなっている肥薩おれんじ鉄道の水俣駅は、かつては、鹿児島本線の駅として、寝台列車が着くたびに多くのチッソ社員が乗り降りし、駅前の飲食街は繁盛していたという。

駅前から市内中心部に続く通り沿いには、いくつもの商店街が連なり企業城下町としてにぎわった。しかし、１９５６年前後には5万人を超えていた人口は、２０１６年には2万５０００人あまりに減少している。

もともと不知火海に面した小さな漁村だった水俣に、日本窒素肥料株式会社（後のチッソ株式会社）の窒素肥料工場が建設されたのは、１９０８年のことである。

水俣湾の埋め立て地に建立された慰霊碑

その後、日窒コンツェルンとして「新興財閥」と呼ばれるほどの発展をとげ、朝鮮半島にも進出した。

しかし、敗戦によって海外資産をすべて失い、ふたたび水俣から企業の建て直しを進めていた。

公害の発生と拡大する被害

１９５４年、地方紙である熊本日日新聞の朝刊に小さな記事が載った。「猫てんかんで全滅。水俣市茂道《もどう》部落　ねずみの激増に悲鳴」というものである。猫が原因不明の奇病により次々と死んでしまい、ねずみが激増して困っているという市衛生課への訴えを取り上げたものであった。これが後に発生する水俣病の前兆であった。

それから2年後の１９５６年5月1日、原因不明の中枢神経疾患が発生しているとの報告が、チッソ付属病院から水俣保健所に届けられた。これが、水俣病公式発見の日とされている。

memo

もやい直し

水俣市は、地域の再生のために「もやい直し」（もともとは「船をつなぐこと」の意味）と呼ばれる事業を行なっている。公害の歴史をふまえ、廃棄物対策やエコ事業などの環境都市を目指した事業に取り組んでいる。

水俣病の原因は、チッソが工場の排水とともに海に流していた**有機水銀**である。しかし、当初は伝染病と考えられ、患者は隔離された。やがてその疑いは晴れたが、隔離されたことにより、その後の地域社会で偏見や差別を引き起こした。

またその一方で、一時は伝染病とされたにもかかわらず、病気の広がりについての悉皆《しっかい》調査（全体を余すところなく調査する方法）がなされなかった。現在でも水俣病全体の正確な患者数が不明なのは、そこに原因があるとされる。

原因究明が遅れる中、汚染は拡大し、患者は増えていった。当時の医学では考えられなかった、母親の胎盤を通じて有機水銀が胎児に蓄積され、生まれながらにして水俣病となった胎児性水俣病患者は、1961年に初確認された。また1965年には、新潟県の阿賀野川流域でも同様の患者が発生していると発表された（**第二水俣病**または**新潟水俣病**と呼ばれる）。

ただし、最終的に水俣病の原因が有機水銀であると認定されたのは、1968年のことである。

∷いまも続く水俣病

近年では患者の高齢化が進み、症状が悪化しているにもかかわらず患者の介護をしていた親世代が亡くなるケースが多く、課題が広がっている。

水俣病の認定患者はおよそ3000人であるが、いまなお、多くの人が認定を求めて申請をしている。

有機水銀で汚染された水俣湾は、13年の年月と485億円という多額の費用をかけて埋め立てられた。たまっていたヘドロは汲み上げられ、汚染された魚とともにドラム缶につめられ、埋立地に閉じ込められた。ただし、2016年の熊本地震では、埋立地の液状化によって有機水銀が漏れ出すことが懸念された。一度壊してしまった環境を元通りに戻すのは難しい。

水俣病の公式発見から60年たった2016年4月の調査によれば、6割を超える患者・被害者が「水俣病問題は解決していない」と回答した（朝日新聞と熊本学園大学による調査）。

高度経済成長期に起こった公害病は歴史ではなく、現在も続く日本の課題なのである。

44 足尾銅山のいまの姿
――荒れた山々に緑を取り戻す

明治初期に、民間に払い下げられた栃木県の足尾銅山は、その後の銅の産出量の急増とともに、精錬のときに出る**煙害**や、採掘で排出される**鉱毒水**によって、流域の住民に被害を与えた。

渡良瀬《わたらせ》川上流の松木沢付近では、足尾銅山の亜硫酸ガスなどにより、作物や草木が枯れ、40戸、２６０人の松木村が廃村となった。また下流では、鉱毒水による被害の拡大を防ぐ遊水地を作るため、４５０戸、２７００人の谷中村が廃村となった。

当時、国会議員を辞職して、谷中村の廃村に反対し、鉱毒防止の抜本的対策を訴えた田中正造は、「真の文明は、山を荒らさず、川を荒らさず、村を破らず、人を殺さざるべし」と日記に残している。

ここでは、その後の現在に至るまでの足尾の姿をたどってみたい。

∷強制連行された人びとの記憶

足尾の銀山平の公園を見下す高台には、高さ13メートルの「中国人殉難烈士慰霊

memo

足尾銅山

1877年に古河市兵衛により本格的に開発される。一時は日本の銅産出量の40%ほどの生産を占めたが、付近の樹木の伐採や、製錬工場による大気汚染が深刻化し、社会問題にもなった。

塔」がそびえている。第二次世界大戦も終わりに近い１９４４年10月、２５７人の中国人が足尾銅山小滝坑に**強制連行**されて来た。しかし、体が衰弱していたために栄養失調や胃腸障害で死ぬ者が続出し、死者は１０９人に達した。

慰霊塔が建てられたのは、１９７３年7月、足尾銅山の閉山の年であった。慰霊碑の台座に１０９個ある石は、足尾の中学生が日中の友好を念じて近くの庚申川から運んだという。

足尾では、中国人のほかにも朝鮮人労働者２４１６人、アメリカ人・オランダ人・イギリス人などの白人俘虜４８５人が、銅山の労働に使われていた。

∷足尾に緑を植える

煙害によって木々が枯れた足尾の山々では、精錬方法の改善により煙害がなくなった１９５６年から、国や自治体の手によって本格的に植樹が行なわれるようになった。

また１９９６年には、渡良瀬川流域で活動する５つの市民団体の「煙害で荒廃した足尾の山に木を植えることを通し、足尾が抱えるさまざまな問題を考えよう」という呼びかけにより「足尾に緑を育てる会」が結成され、市民の手による植樹運動も広がっている。

さまざまな負の歴史を経て、足尾はいま、再生されようとしている。

第9章

日本にある「世界」

45

日本社会に暮らすムスリム

――国内には80以上のモスクがある

世界の**ムスリム**（イスラーム教徒）人口の増大に伴い、日本に住むムスリムも急激に増えている。彼ら彼女らの日常の暮らしぶりについて見てみよう。

∷埼玉県春日部に暮らすムスリムの日常

東京浅草から栃木県の日光へ向かう東武線で1時間あまり。一の割駅（埼玉県春日部市）手前の線路わきに、**一ノ割モスク**（アラビア語ではマスジド）がある。

このモスクの建立は1991年で、国内で5番目の歴史を持つ。2000年代になると、たくさんのモスクが建設されたが、一ノ割モスクはその先駆となった存在だ。学習塾であった4階建てのビルを信者が買い取り改装した。

南アジア、東南アジア、それにアフリカからのムスリムの移住者が増え、定住化が進んだ1990年代中頃以降、集団礼拝する場所の確保が必要とされた。日本のモスクは東京、名古屋市周辺に集中しており、とりわけ首都圏にその2分の1が分布している。

ムスリムにとって聖なる日は金曜日である。この日、モスク周辺は、礼拝に向かう信者で混み合う。民族衣装を着て、仲間と話しあったり子どもの手を引きながら、多くの人が訪れる。地元春日部のほか、近隣の草加・大宮・つくばなどのプレートをつけたムスリムの相乗り車で付近は一杯になる。祈りは大体1時間ほどで終わる。

お祈りの帰りには、多くのムスリムが**ハラールショップ**（イスラームの規範にのっとり処理された食材などを販売する店）やモスクの近くにあるスーパーや八百屋などで買い物をして帰る。八百屋は金曜日に備え、なじみのムスリムにウルドゥー語（パキスタンの国語）等で書いてもらった札をパクチー（香草）などにつける。

ハラールショップは、2015年の春に1軒増えて2軒になった。香辛料、インディカ米、冷凍肉ケース、壁に吊るされた民族衣装が目を引く。店の壁にはパキスタンの通貨であるパキスタン・ルピーのレートも貼ってある。

∷滞日ムスリムの人口はおよそ11万人

世界のムスリム人口は2013年時点で約16億人である。南アジアのインド、パキスタン、バングラデシュの3カ国で全ムスリムの約30%、5億人を数える。インドネシアなどアジアおよび太平洋地域でくくると62%にのぼる（ピュー研究所）。

そのうち日本で暮らすムスリムは、2010年末でおよそ11万人と推計される。内訳は、外国人ムスリムが約10万人で、日本人ムスリムが1万人である。

memo

ハラール

イスラーム法において「合法なもの」のことをいう。逆に非合法なものについては「ハラーム」と呼ばれる。特に食料品に関しては、イスラーム教徒にとって豚肉や酒は禁忌であるため、それらが使われていないかどうかが大きなポイントとなる。

日本人ムスリムは、自ら改宗した人と結婚を契機に改宗した人に大別される。滞日ムスリムを国籍別に見るとインドネシア、パキスタン、バングラデシュ、マレーシア、イラン、トルコが上位6国で、1970年代以降大きな変化はない。

居住地は、当然モスク所在地と重なり、三大都市圏とその周辺でおよそ4分の3を占める。職業は、中古自動車、ハラール食品などの貿易業やレストラン・カレー店経営などの投資経営や、技術・技能就職、研修などである。近年は、留学生・大学生による大学付近へのモスク開設の動きも見られる。

ムスリム・コミュニティの今後

ムスリムの日本定住化が進んだ時期から四半世紀が経ち、コミュニティの課題が顕在化している。日本人が母親の場合、多くは夫の母語を理解しても、アラビア語で書かれている聖典コーランを読める状態にはない。子どもにイスラーム教育をどう維持し発展させるかといった問題のほか、共学や給食について等々、第2世代を育てる悩みは尽きない。

また、イスラームは死を現世における生活の終焉と考え、死者は神による最後の裁きを受ける終末まで地中に眠ることになる。従って火葬は禁忌であり、国内での墓地の確保という問題を抱える。さらに核となるモスクの運営を安定させるには、法人化も必要となる。

日本における主なモスク所在地

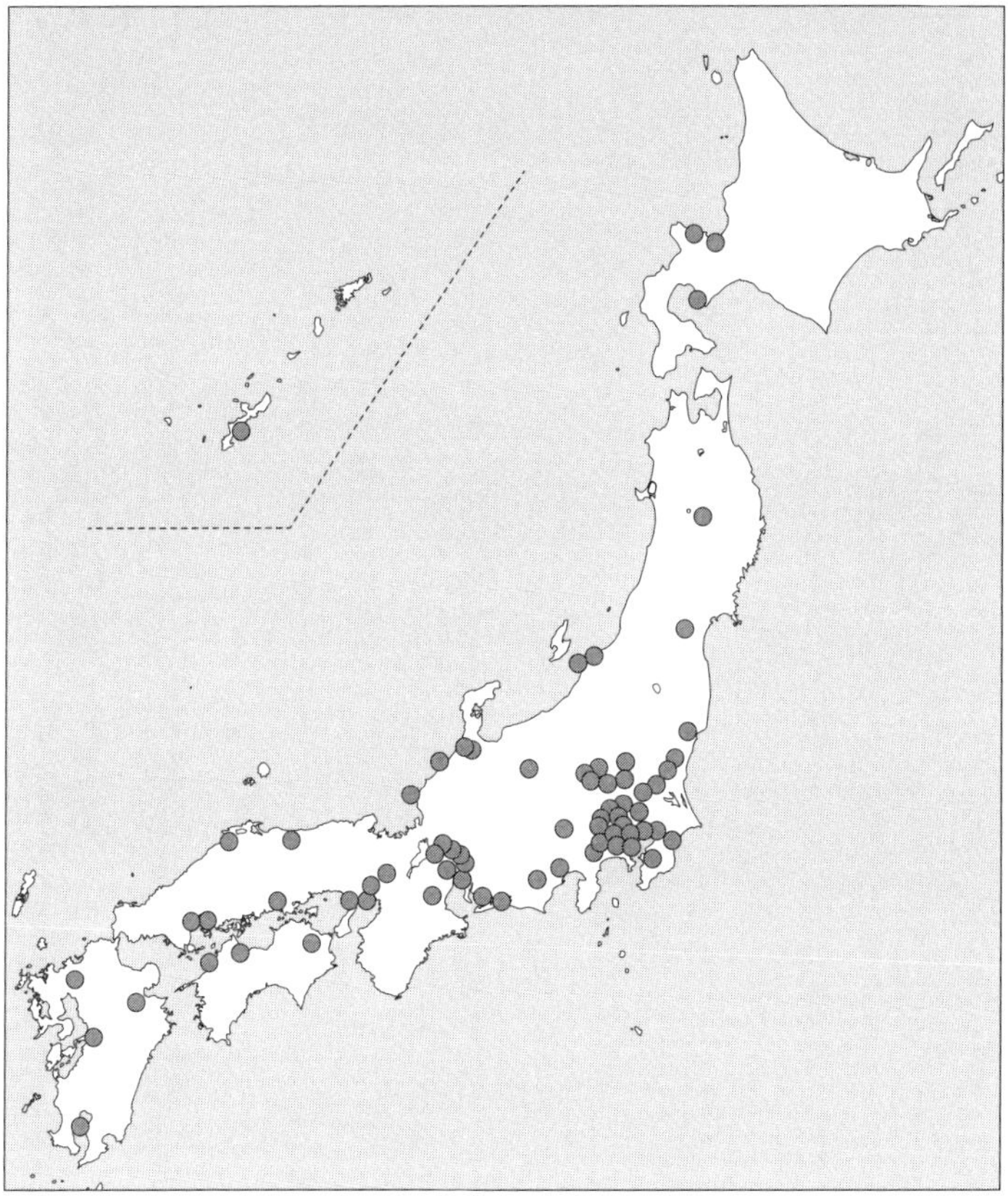

※「イスラムのホームページ」を基に作成　2015年１月時点

また、日本の社会が、ムスリムの宗教的義務である日に5回の礼拝や断食月（**ラマダーン**）、女性のヴェール着用などをどう理解するかでムスリム・コミュニティへの対応は大きく異なってくる。滞日ムスリムを日本社会の構成員と認識するためにも、お互いを知る努力は欠かせない。

46 ブラジル人の多い町

――「デカセギ」のために故郷を離れて暮らす人々

日系ブラジル人140万人のうち、40万人以上が**デカセギ**（「出稼ぎ」のブラジル語）経験者といわれている。

日本とブラジルとの往来は日常化している。2008年秋のリーマンショック以降、日本国内の不況を受けて製造業の雇用が減ったことから多くの日系ブラジル人が帰国したが、景気が回復してきた12年頃からは、再び日本への移住希望者が増え始めた。

∷工場労働者として働くブラジル人

ブラジルは、1970年代後半以降に激しいインフレに見舞われた。一方、日本は高度経済成長を達成した後も安定した経済状況にあった。

1990年に日本の出入国管理法が改正され、3世までの日系ブラジル人とその家族を無制限に受入れるようになると、多数の日系ブラジル人が日本へ出稼ぎにやってきた。東京や名古屋行きの飛行機の直行便は、出稼ぎへと旅立つブラジル人で

memo

在日ブラジル人の居住地区

在日ブラジル人の大多数が肉体労働に従事しているので、デカセギ現象の初期は北関東の工業地帯に集中していたが、いまは自動車産業の盛んな静岡県西部から愛知県三河地方に移っている。

溢れた。

出稼ぎに来た日系ブラジル人の多くは工場労働者となり、自動車や電気電子機械などの工場で雇われた。群馬県太田市・邑楽郡《おうらぐん》大泉町、栃木県小山市、茨城県常総市、愛知県豊田市・豊橋市、静岡県浜松市、岐阜県美濃加茂市・可児《かに》市・大垣市などがブラジル人の多住地域である。多くは、自動車工場などの期間労働者（期間工）となり、夜勤などの労働もいとわず働いている。

日系ブラジル人の多くは出稼ぎが目的で日本に渡航したが、結果的に日本に定住して、永住権や日本国籍を取得した人も多い。

多住地域では日系ブラジル人やブラジル系日本人向けの新聞などが発行され、ブラジル人を主な顧客としたスーパーマーケットや商店などが営業している。

そこでは食料に加えて、雑貨、CD、レンタルビデオなどを扱い、中にはワゴン車を用意して移動販売を行なう業者もいる。理容店、旅行代理店、中古車販売店などのサービス業もさかんである。

在日ブラジル人の悩み

在日ブラジル人の多くの子どもたちは、苦労をしながらも、半年から1年で日本の学校になじんでいくが、一部には、日本語習得が困難な人もいる。

また、両親が日本語を理解できない場合は、学校とのコミュニケーションがうま

在日ブラジル人の数が多い地域

2015年12月時点

順位	都道府県	人数
1	愛知	48,008
2	静岡	25,584
3	三重	11,957
4	群馬	11,855
5	岐阜	9,910
6	神奈川	8,226
7	滋賀	7,601
8	埼玉	7,101
9	茨城	5,523
10	長野	5,052
	総数	173,437

※法務省「在留外国人統計」を基に作成

くいかないこともある。

ブラジルの習慣を熟知し、ポルトガル語を使って学校生活を指導できる人材は、日本の学校には少ない。

両親と子どもとの間で、ポルトガル語の会話が困難になっていることもある。さらには、子どもが日本の学校に通って学習するにつれ、意識的に自分は日本人だと思うようになり、ブラジルを誇りに思う家族と、アイデンティティの問題でぶつかることもあるようだ。

∷教育問題

日系ブラジル人の親は、日本の学校の教育カリキュラムがブラジルの学校とあまりにも違うため、子どもを日本の学校に通わせたくないと思うケースもある。特に将来はブラジルに帰ろうと考える人

群馬県内のブラジル人が多く訪れる八百屋の光景

たちにとってはなおさらだ。

そのため、日本には**ブラジル人学校**も数多く存在するが、それらの学校は、「各種学校」または私塾扱いである。国からの支援がほとんどないうえ、義務教育や高等学校の卒業資格も得られない。学費は月当たり数万円かかり、両親はこのような子どもを学校に通わせたくてもできない場合が見られる。

2000年頃からは、こうした疎外感を感じている若者の一部が、非行に走るケースが見られた。

自治体においては、ブラジル人教員の採用、不就学児童生徒の実態調査、NPOを活用した教育機会の提供等、教育対策が徐々にすすめられた。

しかし、親が条件の良い職場を求めて日本国内を転々としがちであるといった事情もあり、自治体の満足のいく対応は難しい。

47

チャイナタウンとコリアタウン

——どのようにして町が形成されたのか？

日本在住の外国籍人口は２２３万人（２０１５年末）で、全人口のおよそ２％になる。そのうち、中国人は約３割の67万人で一番多く、次が韓国人で約２割の45万人いる。

∷チャイナタウンと華僑

世界各地に居住する中国人は、４０００万人とも５０００万人とも推計されている。チャイナタウンがない国を探すほうが難しいかもしれない。

日本のチャイナタウンといえば、長崎県の**長崎新地中華街**、兵庫県の**神戸南京町**、神奈川県の**横浜中華街**が有名である。

このうち、一番歴史が古いのが長崎の中華街で、江戸時代初期にまでさかのぼり、４００年の歴史を持つ。神戸と横浜は、鎖国が終わった幕末以降から、中国人が住むようになった。ただし町の大きさを較べると、横浜の中華街が現在では最大の規模である。

日本へ渡ってきた中国人のうち、1972年の日中国交樹立以前に来日し、定住した人を**老華僑**と呼ぶ。老華僑は、広東省など中国の華南地域（南部）出身者が高い比率を占める。

その後、主に1978年末の鄧小平による「改革・開放」（経済体制改革と対外開放政策）以降に来日し、定住した人を**新華僑**と呼ぶ。新華僑は旧華僑に較べて、比較的裕福な家庭で育ってきたケースが多い。

∷横浜中華街の歴史

中華街ができ上がった経緯をたどるため、ここでは横浜中華街の歴史を見てみよう。

幕末の横浜港の開港（1859年）とともに、多くの華僑が横浜に住むようになり、現在の中華街の原型ができた。20世紀初頭には、5000人もの中国人が横浜に住んでいたという。1923年の関東大震災により、古い建物が多くあった中華街は壊滅的な打撃を受け、生き残った人々はほかの土地に移ってしまうが、その後は徐々に人が戻り始め、昭和に入ると3000人程度にまで回復した。

1937年に日中戦争が始まると、多くの華僑が中国へ帰国したが、横浜の場合は、地元との関係を保つ努力を続け、戦時下の日々を耐え抜く人も多くいた。反中国感情の高まりや華僑の帰国により、中華街は客足が途絶え、生活は厳しさを増していく。さらに、1945年5月29日には、空襲により中華街が焼き尽くされてしまう。

しかし、敗戦の翌年の1946年には、中華街に関帝廟と横浜中華学校が再建され、復興の拠り所となった。55年には中華街大通りの入口に「善隣門」が建設され、街の正式名称として「中華街」の文字が掲げられた。

現在、横浜中華街は、東急東横線の延長である、みなとみらい線の開通（2004年）や、東急東横線と西武池袋線・東武東上線との直通運転の開始（2013年）により、より多くの人が気軽にアクセスできる場所となり、たくさんの観光客が訪れている。

■ いまや第4世代になる在日コリアン

韓国・朝鮮人が多く住む**コリアタウン**と呼ばれる地域は、関西では大阪市の生野区が、関東では東京都荒川区の三河島、神奈川県川崎市の桜本などが知られている。

1910年、日本は朝鮮半島を植民地とした（**朝鮮併合**）。徴用とともに、工業化が進む日本へ仕事を求めて、多くの人びとが日本に渡った。敗戦後、日本国民だった朝鮮半島出身者は1948年に日本の国籍を失ったが、日本に生活基盤があり、留まることを選択した朝鮮人は**在日コリアン**となった。

∷大阪・生野区のコリアタウンの状況

大阪市生野区の御幸通と鶴橋の商店街は、ともに韓国の済州島からの移住者が集住しており、コリアタウンと呼ばれることが多い。ただし自らが「コリアタウン」という通称を名乗っているのは、御幸通商店街のほうだけである。

鶴橋地域の商店街はＪＲと近鉄、市営地下鉄の鶴橋駅周辺の６つの商店会で構成されていて店舗数は約８００ある。キムチやチョゴリを売る店も多いが、日本人経営者の多い商店会や、中国・台湾系の経営者が含まれる商店会も存在する。鶴橋は、戦後の闇市が出発となっている。

一方、御幸通商店街は３商店会合わせて約１３０店舗。戦前にすでに朝鮮人向けの食材や生活用品を売る小さな市場があった。また、御幸通商店街一帯は、建物疎開（空襲による被害を防ぐための建物壊し）の難を免れたため、戦後も建物が残り、闇市化することはほとんどなかった。

両地域は距離にして約３００メートルほど離れているだけだが、形成過程には違いがある。

48

増える外国人旅行者
——Youはどこから日本へ？

２０１５年の日本を訪れた外国人旅行者（以下、訪日外客）の数は、日本政府観光局が統計を取り始めた１９６４年以降、最大の伸び率（前年比47・1％増）となった。なぜ、たくさんの外国人が日本を訪れるようになったのだろうか。

ビジット・ジャパン・キャンペーン以降の訪日外客

国土交通省が中心となり、２００３年4月に訪日旅行推進事業などを行なう**ビジット・ジャパン・キャンペーン実施本部**が発足した。その5年後の２００８年には、国土交通省の外局の一つとして**観光庁**が設置された。また２０１０年の4月からは、〝Japan. Endless Discovery.〟（次ページメモ参照）をキャッチフレーズに、外国人観光客の誘致へ向けて取り組んでいる。

観光庁の資料によればこの間に、訪日外客数は２００３年の５２１万人から、２００８年には８３５万人、２０１５年は１９７４万人と4倍近くにまで増加している。ただし訪日外客数は、最近の十余年間をとっても、単純に右肩上がりで伸びて

memo

Japan. Endless Discovery.

観光庁は、「尽きることのない感動に出会える国、日本」を目指し、外国人リピーターを増やすべく、その都度、日本の豊かな自然、歴史、伝統および現代の文化、食、地域の人々の暮らしなど、日本の多種多様な観光資源を生かそうとしている。

いるものではない。２００８年のリーマンショックの影響から翌年の09年の前年比はマイナス18・８％の６７９万人へ減少したが、10年には26・８％増加の８６１万人へ戻している。

また、２０１１年は、東日本大震災により前年比マイナス27・８％の６２２万人へ大幅に減少した。しかしその後は復調し、現在も伸び続けている。

以上のように、単に数字を追うだけでも、著しく環境が変化し続けていることがわかる。訪日外客数は、そのときどきの経済状態、国家間の政治外交関係、さらにはテロや自然災害等で大きく変動するものである。

今後の変化も、その都度一喜一憂することは無意味であり、むしろ変化と背景を分析し、先を見据えた適切な戦略を考えたい。その「適切な戦略」をどこに求めるのかが問われている。

∷どこの国から日本へ？

インバウンドという言葉を最近、よく聞くようになった。これは、日本を訪れる外国人を指し、逆に出国する日本人のことは**アウトバウンド**という。

訪日外客の相手国・地域は、日本との距離、経済活動等の変化に左右されるが、アジアからの来客数が圧倒的多数であり、ヨーロッパや北アメリカの10倍以上になる。

訪日外客の国別の内訳

2015年訪日外客数1,974万人

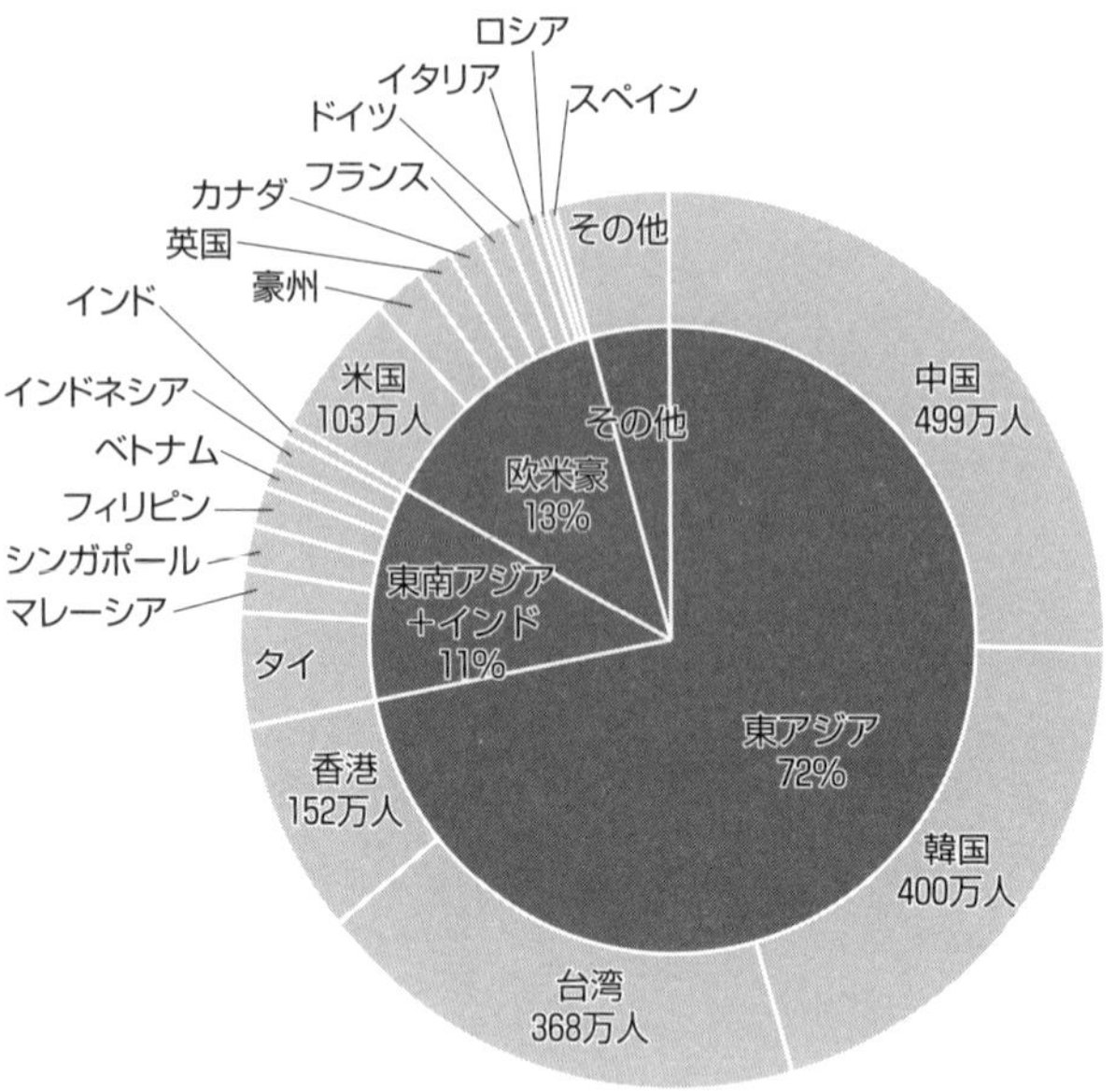

※日本政府観光局「JNTO」発表資料を基に作成

一方、そのアジアから来る人について、国別でその数の推移を見てみると、順位に多少の入れ替わりがある。ビジット・ジャパン・キャンペーンの始まった2003年の1位は韓国で146万人、2位が台湾の79万人。3位が中国の45万人であった。

一方、直近のデータは円グラフにあるように、1位が中国の499万人、2位が韓国の400万人、3位は台湾の368万人となっている。

この間、2010年の尖閣諸島沖における中国漁船衝突事件以降の対日感情の悪化や翌年の東日本大震災などの影響もあり、一時的に中国からの外客数は減少した。しかし中国経済の好調さを背景に2014年から急増し、翌年には訪日客数1位に躍り出た。

2015年の流行語には**「爆買い」**がノミネートされた。東京や大阪、福岡などの大都市におけるデパートや高級専門店、量販店では中国人の多さを実感することが多い。また、第4位の香港は、訪日客の6～7%台をコンスタントに占めている。香港の人口比では約5人に1人が訪日していることになり、リピーター率も高く、70%台である。

欧米やオーストラリアからの訪日外客数はアジアの陰に隠れがちであるが、円グラフ中、ロシアを除くすべての国で過去最高を記録している。

∷訪日外客の86%は「観光客」

観光庁は、訪日外客を「観光客」、「商用客」、および留学・研修・外交・公用などの「その他客」に分けている。

2015年の全訪日外客数の内訳は、観光客が1697万人（86・0%）、商用客が164万人（8・3%）、その他客が113万人（5・7%）である。

旅行好きと思われがちのドイツからの外客数16万人のうち、観光客は9万人と半数強に留まっていることなど、私たちの感覚と実数にズレがあることも認識しておきたい。

49

外国人旅行者が日本に求めるもの

――「口コミ」により、日々新たな観光地が発見される

２０１５年、世界全体で海外旅行をした人の数は、前年に較べ４％以上増加し、約12億人となった（国連世界観光機関の統計による）。

行く人が多かった国（国際観光客到着数）を挙げてみると、トップのフランスは８４４５万人、２位がアメリカ合衆国で７７５１万人、３位スペイン６８２２万人となっている。日本は16位で、２０１４年の22位から、順位を大幅に伸ばしている。

∷目的地（ディスティネーション）はどこ？

日本に来る観光客は、何からどのような情報を得ているのだろうか？

数あるガイドブックの中で「ロンリープラネット」は英語圏で最大のシェアを持っているが、このロンリープラネット社は、「ベスト・イン・トラベル」という、訪れるべき国・都市・地域別のランキングを毎年発表している。基準は、「グルメ」「冒険」「金額に見合う価値」「文化観光」などの16の観点である。

日本は「ベスト・イン・トラベル２０１６」において、特に木造建造物のエレガ

ントさを「モダンであるが伝統がある」と評され、国別部門の総合点でボツワナに次いで2位になった。以下はアメリカ合衆国、パラオ、ラトビアの順であった。

特に京都は、いまや世界的な観光地として人気が高い。

2015年の京都府内観光入込客数は8748万人、外国人宿泊客数は322万人と過去最高を記録した（京都府発表資料より）。

このため京都市内の宿泊施設の予約が非常に取りにくい状態になっている。京都市内のある旅館では、2015年8月の3分の2の日で、全室を外国人が利用していたという。

外国人に定番の観光コースは、東京と大阪間をめぐる**「ゴールデンルート」**と呼ばれるものであるが、その途中にあり、寺院などの見どころがたくさんある京都には、多くの観光客が訪れている。

∷東南アジアからの旅行者

また、東京オリンピックの2020年開催が決定されてから、欧米やアジアなどを中心に日本ブームになっているといわれている。

全体から見ればまだボリュームが少ないようにも感じられるが、東南アジアからのインバウンドの伸びは著しく、タイ、シンガポール、マレーシア、インドネシア、フィリピン、ベトナムの合計で200万人を超える規模となっている。いずれの国

外国人が宿泊した都道府県の割合（2015年）

国別の外国人宿泊都道府県の割合

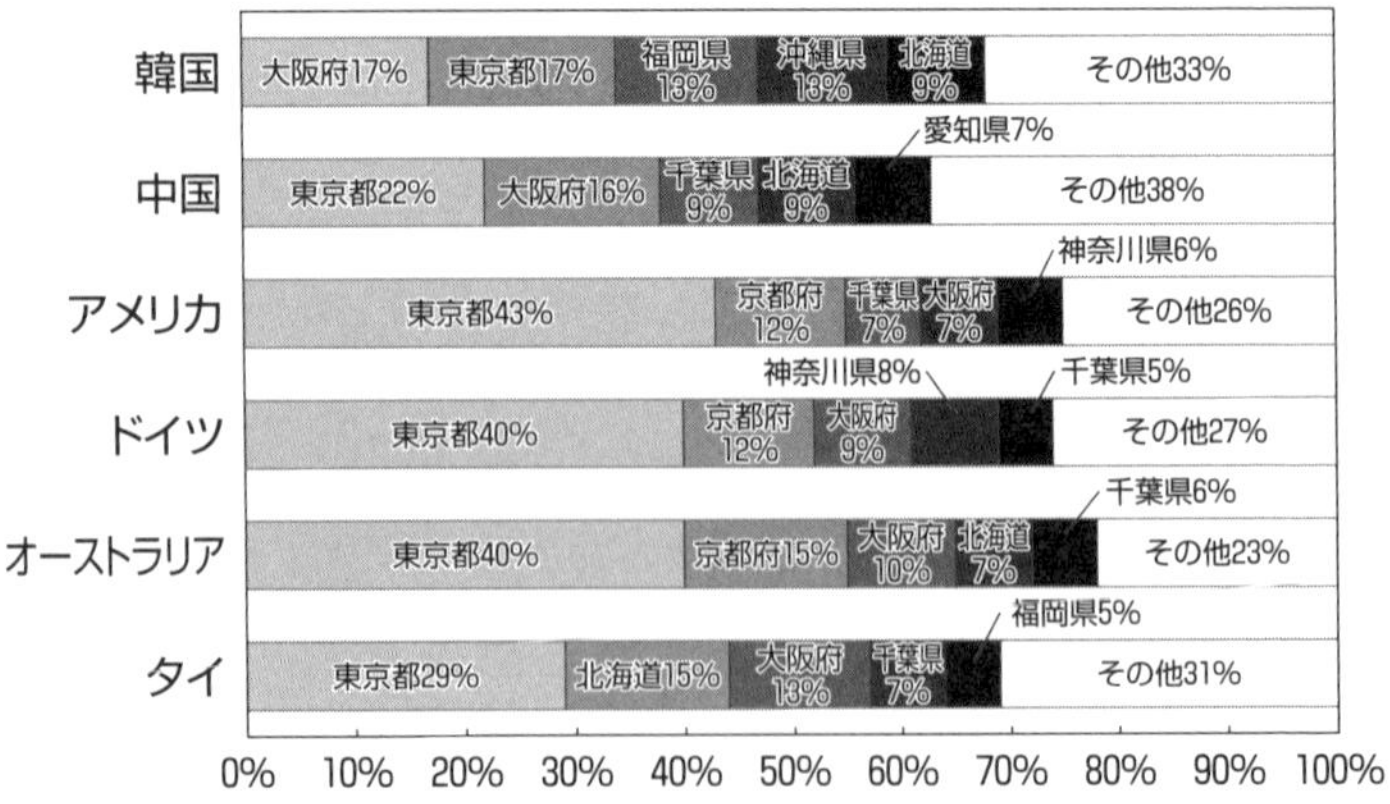

※観光庁「宿泊旅行統計調査」を基に作成

も2015年は、前年比で20~30%伸びている。

タイからの訪日客数を例にとってみると、10年前との比較で6・6倍となっている。海外旅行に行く余裕のある中間的な社会層が成長してきたことの反映であるが、格安航空会社（LCC）の就航拡大・増便などによる航空運賃の低下に加え、ビザの大幅緩和も後押ししたと考えられる。

そのような日本に来るタイ人の間で特に人気の場所というのは、雪やスキーを楽しめる北海道（上図参照）をはじめ、新潟、長野県といった地域である。また、岐阜県の飛騨地方の白川郷や高山の人気も高く、桜や紅葉の名所もアンケートにおいて上位に上がっている。

ジャパン・レール・パスというJRグループが共同して提供しているパスが、外国人の間では知られている。

このパスを使えば、外国人観光客は日本中をくまなく移動できる。そのため近年は、タイ人に限らず、訪日客は各地に分散していく傾向が見られる。

特に、ＳＮＳが発達する時代になり、情報は個人から個人へと拡散されている。従来はマスコミや旅行ガイドブックなどの情報を基に観光客は行く場所を判断していたし、それを戦略的に各業界は利用してきた。しかし昨今は個人の「口コミ」が全世界に広がり、予想できない形で人が動くようになってきている。

ビジネス訪日客を逃すな！

訪日客の中では、１割程度が仕事で日本に来る商用客が占める。そのような人を対象とした政府の施策の一つが、**国際会議**の誘致である。

ＩＣＣＡ（国際会議協会）の統計によれば、世界全体の国際会議の開催件数は年々増加傾向にあり、２０１５年は1万２０７６件に上った。このうちヨーロッパで６５７９件、アジアでは１９９３件が開催されている。

国別で見ると、日本は7位で３５５件開催されているが、国際会議の全体数が増えている中、日本のシェアは下降傾向にあり、対応が求められている。

一般的な観光とは性格を異にする部分が多い商用客部門であるが、「人が集まる」という直接的な効果はもちろん、人の集積や交流から派生する付加価値や意義についての認識を高める必要もあるだろう。

50 世界の中の日本
――これからの日本が担っていく役割とは？

20世紀後半の日本は「ものづくり大国」として世界に知られていた。21世紀の現在、世界の中でどのような役割を担っていくのだろうか。

かつては「メイド・イン・ジャパン」

外国で日本のイメージを尋ねると、かつてはハイテクな工業製品を思い浮かべる人が多かった。メイド・イン・ジャパンの製品が世界中に出回り、「ソニー」「ホンダ」などの企業が日本そのものだった。現在でも日本は、さまざまな工業製品で世界を魅了している。しかし、新興国のメーカーの台頭や、産業の空洞化の進行などにより、日本の製品にかつてほどの輝きは見られなくなったというのが現実だろう。

これからは国境を越えた「人」

では、これからの時代、どのように世界と向き合っていけばいいのだろうか。
21世紀に入ると、社会のグローバル化は大きく進行した。インターネットによるコミュニケーション手段の拡大は、世界のボーダーレス化を加速させている。そして、情報だけではなく「人」も国境を軽々と飛び越えて世界と向き合える時代になった。これからの日本は、製品や技術ではなく「人」の活躍で世界から高い評価を受けることを目指すべきだろう。

国際的な活躍をして世界から高い評価を受けた日本人は少なくない。有名無名の人たちが国際舞台で活動してきた。しかし近年、日本人は内向き思考だといわれるようになっている。留学を目指す若者が少ないことが話題になったり、また、国際連合では拠出金に較べて、日本人職員が少ないことが指摘されている。

それでも、さまざまな組織の一員として、または組織に属さない個人として、多くの日本人が海外に渡っている。たとえば、日本には数多くの国際NGOがあり、たくさんの日本人が世界各地で汗を流している。それは若者にとどまらない。定年退職後にNGOに所属して活躍するシニア層は少なくない。さまざまな分野での地道な貢献が高く評価されている。

これからの「世界の中の日本」を支えるのは、このような「人」の活躍だろう。国境を越えて、国益を意識せずに汗を流す人々の活動の中から、新しい人同士の関係が築かれるのではないだろうか。

「国境を越える」という行為は、「日本にとどまらない」という意味であり、それはSNSの普及などにより、実際に外国に行かなくても可能な時代が訪れている。

執筆者一覧

※数字は執筆した項目

相原正義（あいはら　まさよし）
②（共著）、③、④、⑱、㉑、㉙、㊵

飯塚和幸（いいづか　かずよし）
⑤(共著)、⑥(共著)、⑦(共著)、㊶

石田素司（いしだ　もとじ）
⑪、㊺

井上明日香（いのうえ　あすか）
①、②（共著）、⑧（共著）

大野　新（おおの　あらた）
㊸

海東達也（かいとう　たつや）
㉝、㉞

久保田嘉一（くぼた　よしかず）
⑰

小山昌矩（こやま　まさのり）
⑫（共著）、⑭、㉖、㉗、㊷、㊹

笹川耕太郎（ささがわ　こうたろう）
⑲、㉒、㉓、㊻

柴田　健（しばた　けん）
㉛、㊼

高田和則（たかだ　かずのり）
㉟、㊱

武田竜一（たけだ　りゅういち）
⑮、⑯

谷川尚哉（たにかわ　なおや）
⑳

戸倉信一（とくら　しんいち）
⑫（共著）、㉜

内藤芳宏（ないとう　よしひろ）
㊽、㊾

二日市健一（ふつかいち　けんいち）
⑬

松尾良作（まつお　りょうさく）
㉘

松永和子（まつなが　かずこ）
⑤（共著）、⑥（共著）、⑦（共著）

三堀潔貴（みほり　きよたか）
㉔

宮田省一（みやた　しょういち）
⑨、㉕

吉村憲二（よしむら　けんじ）
㉚、㊳、㊴、㊿

吉本健一（よしもと　けんいち）
㊲

和田康喜（わだ　やすのぶ）
⑧（共著）、⑩

編集委員
相原正義、石田素司、海東達也、小山昌矩、吉村憲二

地理教育研究会（ちりきょういくけんきゅうかい）
1957年に発足した、小・中・高・大学の教員が中心となる民間の教育研究団体。機関誌として『地理教育』を発行しているほか、『授業のための日本地理』『授業のための世界地理』（古今書院）、『地理を楽しく!』（高文研）、『ニッポンまるかじり！ 地理ブック』（講談社）、『地理授業で使いたい教材資料』（清水書院）など、多数の著作活動も行なっている。最近では、地理の魅力に惹かれて、大学生や一般人の会員も増えている。

住所
〒102-0075
東京都千代田区三番町24－5
三番町ハイム601
地理教育研究所内

ホームページ
http://www.geocities.jp/chikyouken/

人《ひと》の暮《く》らしと動《うご》きが見《み》えてくる！
知《し》るほど面白《おもしろ》くなる日本地理《にほんちり》
2016年11月10日　初版発行

著　者　地理教育研究会
発行者　吉田啓二

発行所　株式会社日本実業出版社　東京都新宿区市谷本村町3－29 〒162-0845
大阪市北区西天満６－８－１ 〒530-0047
編集部　☎03-3268-5651
営業部　☎03-3268-5161　振　替　00170－1－25349
http://www.njg.co.jp/

印刷／壮光舎　製本／共栄社

この本の内容についてのお問合せは、書面かFAX（03－3268－0832）にてお願い致します。
落丁・乱丁本は、送料小社負担にて、お取り替え致します。

ISBN 978-4-534-05443-2 Printed in JAPAN